DIANWANG QIYE
BANZU ANQUAN JIANSHE YU GUANLI

电网企业班组安全建设与管理

许艳阳 主编

中国电力出版社
CHINA ELECTRIC POWER PRESS

内 容 提 要

本书在编写前,笔者随同安监人员走访了大量的一线工作现场,目睹了现场不同类型的违章行为,制止了近百例违章行为,要求现场停工整顿几十起,收集了大量的现场违章照片,均收列于本书之中。

全书共分五章:主要介绍了电网企业班组建设及安全管理、安全文化、安全生产典型违章以及典型案例,并重点对违章图片的违章条款进行了说明。

本书可作为电力安全生产教育培训教材,也可为电网企业生产管理人员和技术人员处理违章时提供指导,是一本实际与理论相结合的教材。

图书在版编目(CIP)数据

电网企业班组安全建设与管理/许艳阳主编.—北京:中国电力出版社,2023.5

ISBN 978-7-5198-7845-0

Ⅰ.①电… Ⅱ.①许… Ⅲ.①电力工业—工业企业管理—班组管理—安全管理—中国 Ⅳ.① F426.61

中国版本图书馆 CIP 数据核字(2023)第 091490 号

出版发行:中国电力出版社
地　　址:北京市东城区北京站西街 19 号(邮政编码 100005)
网　　址:http://www.cepp.sgcc.com.cn
责任编辑:马淑范(010-63412397)
责任校对:黄　蓓　王海南
装帧设计:赵姗姗
责任印制:杨晓东

印　　刷:三河市万龙印装有限公司
版　　次:2023 年 7 月第一版
印　　次:2023 年 7 月北京第一次印刷
开　　本:889 毫米 ×1194 毫米　32 开本
印　　张:6.5
字　　数:132 千字
定　　价:39.00 元

版权专有　侵权必究

本书如有印装质量问题,我社营销中心负责退换

编委会

主 任　贺　文

主 编　许艳阳

编 委　何　锐　　王　剑　　张　灏　　孔德全
　　　　李文涛　　李　翔　　崇信民　　刘二鹏
　　　　相中华　　胡　伟　　朱　林　　康文军
　　　　张韶华　　田志宏　　何玉鹏　　潘亮亮
　　　　谢海滨　　段　兵　　刘　垚　　张春林
　　　　芦　鹏　　李福平　　李海勃　　王　颖
　　　　马宝龙　　李　虎　　潘庆庆　　徐文斌
　　　　李　涛　　李达凯　　赵柏涛　　沙伟燕
　　　　王占军　　王　斌　　赵东森　　赵学华
　　　　沈诗祎　　李　辉　　倪　远　　王海默
　　　　刘　颖　　张　星　　孙　凯　　高　婕
　　　　施　静　　李庆华　　陈泓岩　　李超凡

前言 PREFACE

　　安全生产是电网企业最根本、最基础、最重要的工作，是国家电网有限公司的本质要求和神圣职责，作为一名电力人，任何时候都要把安全放在重中之重的位置。本书主要从安全生产与安全管理两个方面进行阐述，重点列举了一些违章案例，以警示现场工作人员无论何时何地都要把安全生产放在第一位，明白安全生产责任重于山、大于天，确保安全生产是我们必须完成的硬任务，没有任何选择余地。要落实"一厂出事故、万厂受教育，一地有隐患、全国受警示"的要求，深刻吸取事故教训，杜绝走过场，把别人的事故当故事听，做到居安思危、警钟长鸣，严防死守、常抓不懈，守牢安全底线、红线、生命线；要自觉从政治上看安全，把安全责任坚决扛起来，保安全稳定、保可靠供电、保一方平安。

本书最大的优点是对电网企业班组建设安全管理、安全生产典型违章以及曾经发生在生产人员身旁的一些经典图例、案例作了说明，倡导以人为本、安全发展的科学理念，适合作为生产现场工作人员的培训教材。

本书在编写过程中，很多同志给予了大力支持，并参考了相关书籍，翻阅了大量事故通报及事故案例，在此对原作者一并表示衷心的感谢！

由于编写时间紧，理论水平和实践经验有限，漏误之处请广大读者批评指正。

编　者

目 录 CONTENTS

前言

第一章　电网企业班组建设　　1
第一节　电网企业班组团队建设及班组长职责　　2
第二节　电网企业班组基础建设　　3

第二章　电网企业班组安全管理　　10
第一节　安全管理的任务　　11
第二节　安全管理的核心　　12
第三节　安全管理机制　　14
第四节　安全管理的基本方法　　23
第五节　班组安全文化管理　　28

第三章　电网企业班组安全建设与管理实例　　33
第一节　两制两军事管理在新生代员工管理中的应用　　34

第二节	班组两制两军事建设	39
第三节	核心业务班组建设	44
第四节	两制两军事及核心业务班组建设案例	65

第四章　电网企业班组安全生产典型违章　89

第一节	电力安全生产行为违章	91
第二节	电力安全生产装置违章	123
第三节	电力安全生产管理违章	138
第四节	电力安全生产各类综合违章行为	154
第五节	电力安全生产违章预防机制	166

第五章　电网企业班组安全生产典型违章案例　173

| 第一节 | 违章导致人身伤亡事故案例分析 | 174 |
| 第二节 | 违章导致电网事故案例分析 | 189 |

第一章
电网企业班组建设

班组是企业的细胞，班组建设是企业管理工作的重要内容。企业的规划、计划、目标、任务，最终都要落脚在企业最基层的组织——班组。因此，搞好班组建设是企业管理者不容忽视的工作，随着时代的变化，企业管理工作不断向信息化、科学化发展，并不断注入理性的、人本的、科学的、文化的内涵。因此，如何管理好班组是我们今后工作的重点。

第一节　电网企业班组团队建设及班组长职责

班组是由若干班员组成的集体组织，在这一组织中，任何一名班组成员都是班组的有机组成部分，他们有细致的分工，有各自的工作内容和任务。对于班组所属的企业而言，对班组下达的任务又是整体的，统一的。一般来说，企业不会直接考核班员，而是考核班组整体，甚至只考核到班组所在的部门或车间，再由部门或车间来考核班组，由班组对班员进行考核。为完成工作任务，班组对上必须统一、协作、服从、团结。班组建设不只是班组长和班委会成员的事情，而是全体班员的共同责任，所有工作都要靠全体班员的共同努力才能完成。因此，班组要树立团队精神，团结拼搏，共同努力，统一指挥，目标一致，只有这样，才能做好班组管理的各项工作，实现班组建设的目标。改进和提高班组的团队管理水平，班组长需做到以下几点：

（1）作为班组长，要管理好一个团队，首先，要提高自身素质和业务能力，其次，应该提高技术能力和管理能力。班组长是整个班组工作的组织领导者和指挥者,也是直接参与工作的参与者,其综合素质的高低,将影响到班组管理的成败。所以班组长要成为一个优秀团队的管理者,不仅要具备善于沟通、执行力强、关注细节、带领团队的能力,还要掌握足够的技术技能、与人共事的人事技能和思想技能。总之,班组长自己在各方面一定要做得最好,以达到影响到每一位团队中成员的目的。

(2)在团队中培养良好严谨的工作作风,使每名成员都要认真地去工作。遇到问题时要切身站在成员的立场上思考问题,如何协调好成员的工作情绪,建立好上下级之间的人际关系,使每个成员感受到这个团队是温暖的。要经常进行一些必要的沟通,采取换位思考的沟通技巧,赞赏、批评、表扬与批评相结合。

(3)班组的工作,需要每位班组成员的配合和协作,要让每个成员明白团队工作的目标,掌握好如何高效率地完成工作目标的方法。

(4)班组长要明确自己在班组中的角色,对自己定位要清楚,明白工作的主要职责,了解上级领导对自己的期望和班组员工对自己的期望,协调好与上级的关系,把上级的任务和思想传达给自己的每一位成员,让团队至上而下达到良好的协调,目标一致,圆满完成各项工作任务。

第二节　电网企业班组基础建设

电网企业班组基础管理是班组建设的重要内容,包括组织管理、台账管理、教育管理、劳动管理等，内容丰富，也是班组管理的日常工作。能否做好班组的基础工作是班组管理者水平的直接体现，也是能否搞好班组建设的关键。因此，要做好电网企业班组的基础管理工作，一是按班组成员的分工，组织好班组的日常工作，按档案化、标准化的要求做好所管辖设备的台账记录；二是搞好班组成员的教育培训、抓好班组成员的劳动记录。基础管理是细致的工作，要对班员进行合理分工，做好每天具体的工作，要靠每位班组成员的不懈努力才能完成。因此，加强电网企业班组基础建设，提高电网企业班组管理水平，是电网企业加强基层建设的一项长期任务。

一、电网企业班组建设和管理的重要性

电网企业班组建设，是指通过有效的手段和方法，在班组内部进行班组文化建设、学习制度及工作制度等的建设，最大限度地调动班组成员生产的积极性、创造性，提高班组成员的生产工作技能与综合素质的活动过程。随着世界经济全球化和一体化，我国市场经济体制逐渐完善，电网企业的所有制结构也发生了根本性变化，企业必须适应市场竞争力的需求，才能增强电网企业活力，提高电网企业效益，因此，班组建设也需要相应地变革。

班组基层建设是电网企业管理的最基本元素，其作用相当重要。电网企业管理千头万绪，最终都要通过班组才能实现。班组的管理水平就是电网企业整体管理水平的具体体现，只有把班组工作抓好，才能强化劳动纪律，培养员工良好的职业道德，推进

电网企业技术和管理现代化；只有班组充满生机，才能挖掘广大员工的积极性、创造力，电网企业才有活力、有后劲。企业班组建设如能取得长足的发展并步入良性循环、规范运作的轨道，必须使电网企业的管理水平脱胎换骨。班组在电网企业中的特殊地位，决定了"小班组有大作为"。班组建设上了台阶，电网企业各项工作的开展就如鱼得水；反之，一旦失去了坚固的基础，电网企业的运作将如空中楼阁。

同时，班组建设是提升组织软实力及核心竞争力的必然选择。班组作为电网企业管理及作业执行的最小单元，身处生产、经营或服务的一线，通常承担着电网企业大部分的作业任务，同时担负运营环节中重要的责任。因此，班组所展现的活力和运营效能等软实力因素往往在很大程度上决定了一个电网企业的竞争力。加强班组建设也是电网企业员工发展的需要，越来越多的年轻人正逐渐成为电网企业基层员工的主体。这些年轻群体他们身上必然有着独特的价值取向，希望工作符合个人志趣、更注重个人的发展空间、工作价值观以成就和自我价值实现为核心。面对这样的员工群体，电网企业必须要确立"以人为本"管理基调，要通过为员工搭建更好的工作平台、引导和发挥员工的潜能、创造性，从而实现员工发展和电网企业的双赢。班组建设的终极愿景可以归纳为："把管理真正交给员工，实现被管理者成为管理者，从真正意义上尊重人、激活人"，即班组建设要让员工全面进入管理，全面进入创新，全面成为主人，全面承担责任，让每一个员工成为责任的担当者，创新的推动者和管理的实践者。

二、如何加强电网企业班组建设和管理

在当前市场经济条件下,电网企业面临的竞争形势非常严峻,加强电网企业班组建设和管理,显得十分必要和紧迫。

1. 选拔好的班组长

班组长作为电网企业从事生产经营活动的直接组织者及生产经营现场的直接管理者,虽说是兵头将尾,但对班组建设来说,至关重要。班组长所处的地位和担负的责任,客观上要求他们必须具备相应的政治业务素质。提高电网企业班组建设与管理水平,关键是选拔和培养具有一定文化程度、年龄适宜、技能过硬、责任心强、会管理、能团结人的员工担任。实践证明,班组工作好坏,主要取决于班组长素质的高低。如果班组长管理讲科学,工作上带头,作风讲民主,批评讲方法,凡事有耐心,以理服人,在班组成员出现问题时,不是全盘否定,而是用辩证的眼光看待问题、分析原因、解决问题,做班组成员的知心人、贴心人,那么班组成员就会融化为班组的同一元素;统一思想,统一行为,不断创新,不断进取,共同致力于班组建设,使班组焕发无限活力。

为了提高班组长素质,充分发挥他们的作用,应归口集中管理班组长的培训活动,取得班组长资格的上岗证后回到班组任职,让班组长在实践中锻炼提高,增长才干。在复杂的实际工作中,帮助他们总结经验教训,提高领导水平和工作能力,这样才能扬长避短,扩大视野,充分发挥班组长在班组建设中的作用。在工作中对班组长实行动态管理、民主测评、持证上岗、择优竞聘、

定期培训等管理，加强对班组长的培养、选拔与使用。定期召开班组长座谈会、经验交流会，不断探讨新形势下班组精细化管理办法，全面提高班组长管理水平，从而促进班组建设与管理工作不断走上新的台阶，增强班组管理的科学性，使班组长政治、业务素质得到提高，有较强的组织能力，明确班组长负责制，形成以班组长为核心的班组民主管理体系。

2. 加强班组培训教育工作，提升班组成员素质

当前，创建学习型组织，大力提高员工队伍知识化进程，已经成为社会的共识和电网企业、职工的自觉行动。班组成员个人素质的提升，知识水平的提高，业务技能的增长，安全意识、质量意识、成本意识、效能意识、文化意识、集体意识等意识的加强是班组建设的重要环节。要提高员工的整体素质和工作技能，就要号召员工牢固树立终身学习的理念，用丰富的科学文化知识充实自己，学习新技能，掌握新本领，不断增强学习能力、创新能力、竞争能力和创业能力。而一个好的班组，其首要职责是能够引领所有班组成员，制定完善的学习计划，从各方面，包括竞争对手身上不断吸纳科学的知识、成功的经验和先进的方法，并结合班组的工作实践开展互帮互学，建设自主学习型班组，从而成为提高电网企业核心竞争力的基础。

提高班组学习能力，要积极营造浓厚的班组学习氛围。以独特的班组文化来感染、激励、鼓舞员工，以学习形式多样化来吸引员工，积极提倡一岗多能，寻求体现自我价值的机会。虽然一些班组文化层次、只是结构不具备一定的优势，但只要培养并逐

步拥有持续增长的学习能力,找准时代的方向、企业需求、班组特点和个人优势的结合点,在结合点上下功夫,制定创建学习型班组的具体目标计划,通过目标定位,增强职工自我教育、自我完善、自我发展自我超越的紧迫感和危机感。以求得竞争优势而努力学习,班组就有旺盛的生命力和竞争力。

3. 增强班组的科学管理能力

电网企业要提高经济效益,不仅要抓好电网企业的经营管理,更重要的是要加强和提高新形势下班组的管理水平,增强班组的科学管理能力,提高管理水平也是加强班组建设的基本要求。

(1) 提高班组管理水平,要从建章立制和完善生产记录等基础资料入手,以落实岗位责任制为重点,以出色完成生产任务和保证班组工作正常运转为目标,进一步增强班组执行力。要把加强管理与教育职工增强工作责任感和执行规章制度自觉性有机结合起来,使班组管理建立在深厚的群众基础之上,实现职工被动管理向主动参与、粗放管理向精益管理、传统管理向现代管理的转变,促进班组管理科学化。

(2) 提高班组管理水平,要建立班组科学化管理理念。采用班组目标管理、标准化管理、定置管理、全面质量管理等现代化管理方法,与时俱进,提高班组的现代化管理水平。如建立班组绩效考核管理体系,其内容可涵盖产品质量合格率、员工出勤率、生产工作现场考核、合理化建议、团队凝聚力等指标。将个人绩效与班组的绩效挂钩,做到有奖有罚,赏罚分明,培养员工个人与班组荣辱与共的归属感、认同感和使命感。积极开展贯标活动,大力推行标准化作业，改变班组传统的靠老经验作业的习惯，以科学的作业程序、最佳的人员设备组合、最低的材料消耗完成工作，不断提高工作效率和工作质量。

（3）提高班组管理水平，必须要完善班组管理激励机制。由于班组激励机制有助于调动员工的参与意，所以提高自主管理水平，制定合理目标，完善班组激励机制体系是我们必须开展的工作。积极地调动员工参与班组管理，搞好班组管理工作，只靠班组长自己单干是不行的，必须有班组骨干和全体人员支持。班组管理紧紧围绕中心工作和任务，坚持"人人有事做、事事有人管"的原则，使全班员工牢固树立起与企业同呼吸共命运，共同做好班组的管理工作，充分发挥班组员工的潜能和自我价值实现。在构建和谐班组实践中，始终坚持以人为本，突出人的重要作用，努力做到尊重员工、理解员工、关心员工、为了员工，实现他们的全面发展，始终坚持把广大班组员工的利益作为一切工作的根本出发点和落脚点，时时为员工着想，处处为员工谋利，用正确的方法、相应的对策，灵活处理班组管理过程中的危机，努力促进班组和谐稳定发展，保证生产任务的完成。

第二章
电网企业班组安全管理

安全管理是为实现安全生产而组织使用人力、物力、财力等各种物质资源的过程。它利用计划、组织、控制等管理机能，控制来自自然界的、机械的、物质的不安全因素及人的不安全行为，避免发生伤亡事故时，保证职工的生命安全和健康，确保生产顺利进行，尽可能减少事故带来的财产损失。企业生产任务的完成要靠班组，而生产必须确保安全。从企业发生的各类事故来看，很多是由于班组工作不到位造成的。所以，安全是企业一切工作的基础，也是班组工作的重点。班组建设必须树立安全意识，始终把安全放在首位，明确安全目标，确保生产的安全。为此，班组是落实安全生产的最基层组织，只有抓好班组的安全管理，确保人身和设备的安全，才会有企业的安全生产。

第一节　安全管理的任务

加强安全建设管理工作，是为实现企业安全作业而进行的企业管理的一项重要任务。安全管理的任务从广义上讲，一是预测人类活动中各个领域里存在的危险，进而采取措施，使人类在生产活动中不致受到伤害和职业病的危害；二是制定各种规程、规定和消除危害因素所采取的各种办法、措施；三是引导人们去识别危险、防止灾害。具体讲，有以下几个方面：

（1）贯彻落实国家安全生产法律法规，落实安全第一，预防为主，综合治理的安全生产方针。

（2）制定安全生产的各种制度和操作规程，并认真贯彻实施。

（3）积极采取各种安全工程技术措施，进行综合治理，使企业的生产机械设备和设施达到本质安全的要求，为职工提供安全可靠的作业条件和环境，减少和杜绝各类事故造成的人员伤亡和财产损失。

（4）采取各种劳动卫生设施，不断改善劳动条件和环境，定期检测，防止和消除职业病和职业危害，保障劳动者的身心健康。

（5）对企业领导、特种作业人员以及所有职工进行安全教育，提高安全素质。

（6）对职工伤亡及生产过程中各类事故进行调整、处理和上报。

（7）推广和应用现代化安全管理技术与方法，深化企业安全管理，如在企业推行安全生产目标管理。

第二节 安全管理的核心

安全建设与管理的核心是人本管理。在现代管理学中，人是管理之本，管理的主体是人，客体也是人，管理的动力和最终目标还是人。在安全生产中，人的素质（心理与生理、安全能力、文化素质）是占主导地位的，人的行为贯穿于决策、计划、实施、监督、评价的不断循环过程中，同时也是各项管理职能作用实现的过程，人本原则贯穿于管理的各个层面。

安全建设与管理的各层次决策中，人本原则应是第一原则。

即最优先考虑保护人的身体健康、生命安全等权利，充分体现安全第一，预防为主，综合治理的基本方针，体现人文关怀。在安全生产决策中，只有把人当作有感性的生命体对待，把人作为具体的而不是抽象的人对待，才能真正贯彻人本原则。

在计划中要以人为本。充分调动管理对象中各种积极因素，努力解决现实中安全监管机构不落实，人员及经费、装备不落实的现象。充分激发和调动管理对象，激发管理对象主动关心安全、重视安全、保障安全的自觉性，实现从要我安全到我要安全的根本转变；要彻底改变目前安全生产管理中存在的"上头热、下头冷"，"上有政策、下有对策"的消极现象；要协调安全检查与生产管理中的各种关系，形成齐抓共管的综合治理格局。在监督过程中也要体现人本原则。监督管理是管理运行过程中各项具体活动所实行的检查审核、监督督导、促进防患的管理活动。因此，安全管理人本原则的贯通，要把握好监督的出发点和落脚点；要围绕安全生产目标这一中心；要体现对人的尊重和关心。

安全建设与管理评价要重视人的因素。管理的评价过程，是吸取经验和教训，进一步优化并推动下一个管理循环的过程。安全管理的评价，要在总结的基础上，使安全管理更有利于提高人的素质，更有益于人的发展，以实现安全管理中的良性循环。评价过程中要注意克服安全管理工作中考核的形式化、笼统化、宽泛化等现象。

安全建设与管理因人本原则之存而存，又因人本原则之废而废。在管理活动中，作为安全生产管理主体的人始终处于主导地位，安全管理机构人员的思想素质、道德素质、法律意识和业务素质等，直接关系到管理水平的高低和管理效果的好坏，是安全管理成败的关键，更是安全生产能否实现的重要因素。

因此，安全建设与管理不是通过某种制度、某一规范、某个管理方法就能彻底解决问题，安全生产也不是单纯的技术问题，而是人的问题，是与企业安全文化息息相关的人的安全素质问题。安全文化建设的主要目的，是通过科学和理性，将安全第一的概念渗透到人们的潜意识之中，成为生活和生产的习惯，使这种习惯融入思维和行动中，达到安全的目的。

第三节　安全管理机制

安全生产依赖于成功的安全管理，成功的安全管理依靠良好的安全管理机制。而良好安全机制建立的先决条件，一是要有组织保障（如企业的安全管理组织和人员的配备等），二是要有制度的保障（如企业安全生产管理的一系列制度、规范和指南等）。

一、设立安全生产管理组织机构

建立和健全安全生产建设与管理机构、配备必要的安全生产管理的人员并明确职权、责任，本着"谁主管，谁负责"的原则，成立一支专（兼）职的安全管理队伍，建立一套企业安全生产管理的组织体系，才能为企业安全生产管理提供组织保障。安全生产组织体系注重系统安全管理，推行分级管理步骤和思路来管理安全。分级安全管理主要分为：①决策层。它包括企业法定代表人，主要起决策指挥作用，贯彻落实国家有关安全生产法律、法规，根据法律、法规制定本企业的安全规章制度，落实安全规划、健全安全机构、配备人员，保证安全资金的投入等；②管理层。包括企业的专（兼）职管理机构和安全管理人员，主要对安全生产进行日常管理，落实企业安全生产规章制度，并负责检查落实；③操作层。包括企业的车间和操作人员，主要对安全生产进行日常管理，落实企业安全生产规章制度，并负责检查落实。

二、建立健全安全管理制度体系

从安全管理角度来看，各种制度是安全管理的根基。制度管理在员工安全管理过程中，具有指导与纠偏作用，且立竿见影不可或缺。但是制度本身是人制定的，它不可能包罗万象、面面俱到，只有在有人执行、监控、检查、考核时，它才能发挥实际效用。一旦出现人员或制度监控不到的地方，安全生产难免产生这样或那样的问题。因此，在新形势下的安全管理，必须有一个完整配套的安全管理制度体系。

企业安全管理制度是全体员工的行为规范和准则，是实现有效安全管理的基础。如果企业缺乏相应的安全管理制度或制度不完善，应组成专题小组负责制定并完善，且有必要将这一系列更新完善后的制度汇编成《安全生产管理办法》和《安全操作规程》，并发放到每个员工手里，做到全体员工人手一册。

1. 建立健全安全生产责任制

安全生产责任制，就是各级领导应对本单位安全工作负总的领导责任，以及各级工程技术人员、职能部室和生产工人在各自的职责范围内对安全工作应负的责任。安全生产责任制是企业岗位责任制的一个组成部分，是企业一切安全管理体系的核心机制，贯穿于企业安全管理的全过程。

安全生产责任制大体可分为两个方面：一是纵向方面各级人员的安全生产责任制。即企业主要负责人、企业其他负责人、企业职能管理机构负责人及其工作人员、班组长、岗位工人等的岗位责任制。实行层层落实的安全管理责任制，企业各部门、部门主管及全体员工共同来承担企业的安全管理工作，形成一个"千斤重担众人挑，人人头上有指标"的自上而下的现代安全责任体系。二是横向方面各职能部门的安全生产责任制。企业单位中的生产、技术、设计、供销、运输、教育、卫生、基建、机动、情报、科研、质量检查、劳动工资、环保、人事组织、宣传、外办、企业管理、财务等有关专职机构，都应在各自工作业务范围内对实现安全生产的要求负责，并根据企业的具体情况，建立相应的安全生产职责，形成一个各职能科室风险共担的横向联控网络。

企业的安全生产责任制的核心是实现安全生产的"五同时"，就是在计划、布置、监察、总结、评比生产工作的时候，同时计划、布置、检查、总结、评比安全生产工作。安全生产是关系到企业全员、全层次、全过程的大事，因此，企业必须建立安全生产责任制，把安全生产，人人有责从制度上固定下来。从而增强各级管理人员的责任心，使安全管理纵向到底、横向到边，责任明确、协调配合，共同努力把安全工作真正落到实处，达到安全生产的目的。

要建立起一个完善的安全生产责任制，需要达到如下要求：

（1）必须符合国家安全生产法律法规和政策方面的要求，并应适时修订。

（2）制定落实安全生产责任制要有专门的人员与机构来保障。

（3）制定安全生产责任制要根据本单位、部门、班级、岗位的实际情况，与管理体制协调一致，明确、具体，具有可操作性，防止形式主义。

（4）在建立安全生产责任制的同时建立与之对应的监督检查制度，特别要注意发挥工会群众的监督作用，以保证安全生产责任制得到真正落实。

2. **安全培训教育制度**

培训是确保安全的前提。社会已发展到知识经济时代，知识经济的安全管理重点，应当以安全科学和高新技术的研究开发为基础，通过培训教育，运用高新技术，从知识和能力两个方面不断改进安全管理的模式，提高安全管理的水平。目前，我国企业中开展安全教育的主要形式和方法有以下几种：

（1）三级教育。三级教育制度是企业必须坚持的基本安全教育制度和主要形式，主要指对新工人、参加生产实习的人员、参加生产劳动的学生和新调到本厂工作的工人进行的厂级教育、车间教育和岗位教育。

（2）特种作业人员专门教育。对从事特种作业的人员，要进行专门的安全技术和操作知识的教育和训练，经过国家有关部门考核合格后，发给特种作业人员操作证。特种作业人员在进行作业时，必须随身携带特种作业人员操作证。

（3）经常性安全教育。安全教育不能一劳永逸，必须经常随时随地进行。企业里的经常性安全教育主要有下列形式：班前班后会；开展安全活动日；召开安全生产会议；召开事故现场会，分析造成事故的原因及教训，确认事故的责任者，制定防止事故重复发生的措施；组织职工参加安全技术交流，观看安全生产展览与劳动安全电影、电视等；张贴安全生产宣传画、宣传标语及安全标志等。在日常安全教育中，安全思想、安全态度教育最重要。进行安全思想、安全态度教育，要采取多种多样的形式，通过各种安全工作，激发职工搞好安全生产的积极性，使全体职工重视和真正实现安全生产。在企业的安全工作中，一项重要内容就是开展各种安全活动，推动安全工作深入发展。安全活动必须在企业广大职工群众中开展，旨在利用寓教于乐的方式，制造安全氛围，促进安全生产工作，这些安全活动最重要的作用，就是提高职工的安全意识。

（4）学校教育。学校教育是培养安全专业人才的重要途径。它通过系统的基础理论和专业知识学习，造就出适应实际工作需要的不同层次的专业人才。企业可实施"走出去、引进来"的安全人才引进方式和培养模式，为企业安全生产储备人才。

3. 安全检查制度

安全检查是安全生产管理工作的一项重要内容。企业通过安全检查发现物的不安全状态和人的不安全行为,发现并消除隐患,改善劳动条件,防止事故发生。

企业安全生产检查的内容主要包括查思想、查制度、查管理、查隐患、查安全设施等方面。安全检查活动主要有:

(1) 人因安全性检查。由企业安全专业部门、教育、人事组织部门组织,通过填表、抽查、分析评价方式,对各级领导和员工进行责任落实、安全培训、技能等方面的考评,使企业各级领导和员工的安全意识、安全知识及技能达标。

(2) 物态安全性检查。由技术、设备、安全专业部门组织,通过使用安全检查表,对各种生产设备、装置、工具、材料等生产物质进行全面的安全可靠性检查评价,通过全面检查评价发现隐患并处理,确保生产过程中的机械和装备等物态因素运行可靠。

(3) "四查"工程。由班组长、车间主任、安全专业部门组织,对企业全员实行的查思想、查制度、查设施、查教育、查防护品、查隐患、查"三违"等活动,做到岗位一天一查、班组车间一周一查、厂级一月一查、公司一季一查的"四查"工程。以求达到岗位设施安全运行,工人安全操作;班组安全作业,安全生产;车间环境安全,规范文明生产;企业安全责任落实到位,安全管理规范化。

(4) "八查八提高"活动。

1）查领导思想，提高企业领导的安全意识；

2）查规章，提高员工遵章守纪，克服"三违"的自觉性；

3）查现场隐患，提高设备设施的本质安全程度；

4）查易燃易爆危险点，提高危险作业的安全保障水平；

5）查危险品保管，提高防盗防爆保障措施；

6）查防火管理，提高员工消防意识和防火技能；

7）查事故处理，提高防范类似事故的能力；

8）查安全生产宣传教育和培训工作是否经常化和制度化，提高全员安全意识和自我保护意识。

（5）安全管理效能检查。由企业第一负责人组织，分层次、分对象，采用座谈分析、项目对照等方式，对企业的安全机构、安全管理人员、安全管理职能、安全管理制度及安全经费投入等安全管理的效能进行全面系统检查，促使企业完善安全管理，提高安全管理效能。

（6）岗位责任制检查。企业组织每季一次现场生产管理大检查，先基层自查后单位联合检查，促使企业各部门落实岗位专责制、交接班制、巡回检查制、设备维修保养制、质量负责制、岗位练兵制、安全生产制、班组经济核算制、文明生产制、班组思想政治工作制等，达到全面贯彻落实以岗位责任制为中心的十大规章制度。

4. 安全生产考核与激励

安全生产考核是企业安全管理文化建设的重要组成部分。考核机制作为一种竞争的手段，它是一种激励因素。马克思说过，人们追求的一切，都同他们的利益有关。职工工作积极性的调动，要求管理者深入理解职工的内在需求，并予以适当满足，从而刺激工作热情、激发创造力。因此，在企业安全管理中引入考核和激励机制，显然是安全管理的重要举措。

（1）安全考核制度和办法。在安全管理中，要促使企业员工从内心树立起自我安全管理意识，并付诸自觉的行动，激励机制是必不可少的。安全管理的考核激励机制应包括下面几个方面的内容：

1）建立安全生产奖励基金或者安全生产专项奖励基金，鼓励安全生产的先进集体和个人；

2）在安全管理人员中实行安全生产月考核与奖惩挂钩的办法；

3）对操作人员实行安全生产的奖励制度，将安全生产奖励与事故、安全管理与违章联系起来；

4）建立对重大隐患和重大事故超标实行罚款的惩罚制度。

（2）安全生产激励。企业领导者在任何时候都要注重调动员工的安全工作积极性，持续不断地激发并满足职工的需要。采用激励法可以通过开展安全周、安全月、开展事故应急救援演练等活动，对开展活动中立功的职工进行表彰、奖励。为成功者提供新的需要，给受挫者新的希望。

目前，多数企业安全管理采取的是负激励，即违章罚款，虽然有激励效果，但容易引起抱怨，导致员工产生消极情绪，效果不佳。因此，企业要注意多运用正激励。一方面可以根据各级安全责任制,对完成情况好的集体和个人进行物质和精神奖励,数额必须大或较大,另一方面,可以评选安全标兵,从管理层到基层都要有代表,满足个人的荣誉感,体现全方位安全管理。

三、制定安全管理发展规划

安全管理工作是要作为一项长期持续不懈的战略工程来做,应该有一个整体、全面的管理规划和纲要,针对每年的安全教育、检查、措施、安全评价及整改等安全工作作出全面部署。一个好的企业,其安全管理规划或纲要是推进其安全管理工作顺利进行的动力和保障。

(1)规划编制依据:编制安全生产措施计划应以安全第一,预防为主,综合治理的安全生产方针为指导思想,以《安全生产法》等法律法规、国家或行业标准为依据,并依据本单位的实际安全状况。

(2)规划编制原则:①必要性和可行性原则;②三个注重的原则,即重视过程、重视实效、重视关键;③轻重缓急、统筹安排的原则;④全面参与原则,即坚持党政齐抓共管、各部门联合推动安全工作;⑤逐步推进、持续改进的原则,安全管理工作的开展需要逐步推进、持续改进、不断完善。

(3)规划编制方法:①规划时间安排;②规划内容安排;③安全工作实施步骤;④安全重点项目的确定与编制;⑤规划的审批;⑥规划的下达和学习。

（4）规划的实施：首先，下达和学习安全管理规划，企业各级、各单位、各部门明确各自的安全工作任务及目标；其次，执行安全管理规划内容，逐步开展，定期考核；最后，整体评估安全管理规划实施效果，以便调整下一阶段的安全管理及工作思路。

第四节　安全管理的基本方法

安全管理主要包括安全目标管理、安全标准化管理、现场定置安全管理、危险源（点）的管理与控制。本节重点介绍这几种管理方法，以督促企业各项安全生产任务的完成。

一、安全目标管理

安全目标管理是一种根据安全工作目标来控制每个职工安全行为动作的新安全管理方法。

1. 安全目标管理的任务和目的

（1）安全目标管理任务：将企业在一定时期内的安全目标和任务、安全生产总目标等逐层分解展开，上级根据目标的内容授予下级人事、财务和物资的权力，使下级能运用这些权力来实现目标，充分体现其分权性和民主性。

（2）安全目标管理目的：使每个职工有努力的方向，并在自己工作范围内自由选择实现目标的方式和方法，具有灵活性和目的性，从而充分发挥职工自身的能动性、积极性和创造性。

2. 安全目标的确定原则

安全目标应以防患于未然为基本原则。首先，要清除陈旧的安全观念，过去的经验固然是宝贵的，但拘泥于过去，就会停滞不前而有脱离发展现状的危险。其次，要改字当头，冲破原有安全管理的概念，把继承和创新结合起来，大力更新安全管理科学知识。安全目标不应停留在安全生产定量指标的实现上，而应该着眼于安全方针、口号、规划的落实和实施过程上。

总之，安全目标和规划问题，不应向现状妥协，不应拘泥于旧有安全概念，要认识到科学的安全管理是无止境的，科学有效的安全管理模式体系及方式方法才是企业安全管理应当不断追求的。

3. 安全生产目标体系的建立

企业要实行安全生产的目标管理，就必须形成一个完整的安全生产目标体系。安全目标体系就是安全目标的网络化、细分化。安全目标展开要做到横向到边、纵向到底，纵横连锁形成网络。横向到边就是把企业的总目标分解到各个部门，纵向到底就是把单位的总目标由上而下一层一层分解。把安全生产目标展开，是建立体系、实现目标的重要环节。

二、安全标准化管理

安全质量标准化是企业生产经营活动中的一项基础建设，通过开展标准化作业的安全生产达标考核工作，建立科学、规范的现场安全生产管理机制，夯实安全管理工作基础，从根本上预防和减少各类事故的发生。

1. 安全标准化的基本内容

安全标准化的基本内容就是企业在各个生产岗位、生产环节的安全质量工作，必须符合法律、法规、规章、规程的规定，达到和保持一定的标准，使企业的生产始终处于良好的安全运行状态。因此，安全标准化实质上就是要从根本上建立安全生产的长效机制，达到构建和谐社会的要求，落实以人为本的科学发展观。

2. 安全标准化的实施

安全标准化是安全生产的重要基础工作。要从标准、目标、责任、控制、考核等环节着手，加强安全质量标准化的实施。

（1）制定安全质量标准。国家电网有限公司下发的《电网企业安全生产标准化规范及达标评级标准》《国家电网公司安全设施标准》《电网企业安全生产国家标准汇编》等，这些标准的制定，使各企业实施安全质量标准化有了规范的标准依据。

（2）明确安全质量标准化工作目标。各地区要根据国家电网有限公司总体目标和总体要求，研究制定符合本地区、本单位特点的工作目标和措施，提出年度达标计划和中长期达标规划。

（3）落实安全标准化责任。把安全质量标准化工作目标进行层层分解，落实到各企业和企业的各个层级，形成层层把关、配套联动的责任体系。

（4）建立安全质量标准化监控机制。各级安全部门、安全经营单位要安排专人负责，各个车间、班组、岗位都要有专（兼）

职人员,形成完善的安全管理网络,及时发现和处理安全质量标准化活动中遇到的问题,做到处处有人抓、事事有人管,使安全质量标准化工作始终处于有效的监督控制状态。

(5)完善安全质量标准化考核制度。企业要建立每月检查、每季考核、半年总结、全年评比的安全考核制度。

三、现场定置安全管理

良好的现场作业环境是保障安全生产的基础,为了改善现场安全作业环境,提高现场安全水平和综合管理水平,把安全问题堵在本厂、本车间、本班组内解决,促进基层深化自主管理、自我约束的力度,实现安全生产的目的。定置管理的主要步骤以下:

(1)清理整顿生产现场。对生产现场的全部物品进行清点整理,按人与物的结合状态划分区域,制定物品的放置位置,整理后的现场应体现为清洁、整齐、合理、有序。

(2)作业现场的安全设施及物品等进行定置、定位管理,营造良好的安全生产环境。

(3)实行作业现场卫生分区包干,理顺安全通道。

(4)通过定期的现场管理检查验收活动,推动车间、工区、班组改变脏、乱、差现象,杜绝跑、冒、滴、漏,安全防护做到有轴必有套、有轮必有罩、有坑必有盖、有现场必有安全围栏等。

四、危险源(点)的管理与控制

危险源(点)的管理与控制实际上与职业安全健康管理体系

密切相关。一般地，危害辨识、风险评价和风险控制策划的结果是职业安全健康管理体系的主要依据，即体系几乎所有的运行要素均以危害辨识、风险评价和风险控制策划的结果为重要依据，对系统安全性进行全面考虑。

1. **危害辨识、风险评价和风险控制策划的步骤**

（1）划分作业活动（也可称业务活动）。编制一份业务活动表，其内容包括厂房、设备、人员和程序等，并收集有关信息。

（2）辨识危害。辨识与各项业务活动有关的主要危害，考虑谁会受到伤害以及如何受到伤害。

（3）确定风险。在假定计划或在控制措施适当的情况下，对与各项危害有关的风险做出主观评价。评价人员还应考虑控制的有效性以及一旦失败所造成的后果。

（4）确定风险是否可以承受。判断计划的或现有的职业安全健康预防措施是否足以把危害控制住并达到法律要求的标准。

（5）制定风险控制措施计划。编制计划以处理评价中发现的需要重视的任何问题，企业单位应确保新的和现行的控制措施仍然适应和有效。

（6）评审措施计划的充分性。针对已修正的控制措施，重新评价风险，并检查风险是否可承受。

2. **危险源（点）的风险评价**

危害辨识、风险评价和风险控制措施的持续改进是一个持续的过程。因此，控制措施的充分性必须得到持续评审和修订。同样的，如果条件变到引起危害和风险发生显著变化时，则应对危害辨识、风险评价和风险控制进行重新评审。

第五节　班组安全文化管理

　　企业安全文化是企业生产活动中所创造和形成的安全观念、安全行为、安全制度和安全物态文化的总称。建设企业安全文化的根本目的是提高全员安全素质。人的安全素质大体分为两个层面，一是基本层面的安全素质，主要指安全知识和技能；二是根本安全素质，主要包括安全观念、意识、态度、认知、道德、情感等人本性方面的要素。因此，通过建设先进的企业安全文化，可为企业提供精神动力与智力支持，提高企业安全生产的软实力，最终达到安全生产的目标。而班组安全文化建设是企业安全文化的重要组成部分，搞好班组安全文化建设对安全生产管理具有重要意义。

一、班组安全文化理念

　　班组安全文化建设是不断发展逐步提高的，如何搞好班组安全文化建设，对我们的各项工作非常重要，首先必须熟知安全文化，安全文化建设就是把安全目标、安全宗旨、安全理念、安全管理哲学和安全价值等安全要素在实践过程中升华、扩散、渗透，为广大员工所认识、认知、认同、接受，并化为全体员工遵章守法、按章作业的自觉行动，逐步形成遵章守法、关爱生命的浓厚氛围，指导、约束、规范全体员工的安全行为，从而努力实现安全工作的持久稳定。

　　班组的安全文化理念是在实际工作中逐步形成的，一是零事故原则，任何人都有愿意受到伤害或者患病，但是希望安全。如果把这种愿望化作一种精神财富，总结为"大家一起来向零事故挑战"的全体员工的共同意志，就一定能得到企业全体员工的一致拥护；二是危险预知原则，要实现零事故原则，必须把岗位一切潜在的危险因素事先辨识出来，加以控制和解决，从根本上防止事故的发生。因而应在事故发生之前，发现和掌握这些危险因素，同时对那些可能成为事故的危险因素进行预知和预测，并尽力排除；三是全员参加原则，全员参加，即大家一起共同，站在每个人的立场与工作岗位角度，主动发掘其所在作业场所中可能发生的一切危险因素，以无事故和无疾病为目标，共同努力做到预先推进安全卫生管理。

　　为了保证班组安全文化理念的推进，需做好以下几点：

　　（1）班组长在班组安全文化建设中要坚持组织每周的安全学习，沟通交流，总结经验，提高安全管理水平。要把安全生产责任落实到班组的每个岗位，形成安全生产人人有责、群策群防的安全管理体系。在班组内营造"人人关注安全、事事保证安全"的和谐工作氛围，要做到查找事故隐患是每个职工的义务，消除事故隐患是每个职工的责任。使班组的每个职工都要明确自己的安全职责，自觉学习安全生产规章制度，努力提高自身素质。

　　（2）班组安全文化建设要坚持以人为本。班组成员要互相关爱、互相帮助、团结协作、和睦相处，想尽办法完成各项安全生产任务。要敢于拒绝违章指挥、敢于制止违章作业，把事故隐患消灭在萌芽之中。在工作中要牢记"安全第一，预防为主，综合治理"的方针，作业前要进行危险点分析，检查所需的工器具、防护用品及手续是否完备，并做好相应的安全措施后，方可开始工作。要做到"先想后干、想清楚再干、想不清楚不干"，切不可抱有侥幸心理。

（3）积极开展班组安全文化活动是职工进行自我教育的有效形式。班组要结合工作实际，积极开展安全技术问答、安全知识竞赛、安全小品表演、安全培训、模拟现场安全措施、安全分析、事故预想和反事故演习等形式多样的安全文化活动，从而提高职工参加安全文化活动的积极性。在班组开展的安全文化活动中，班组长要注意从职工的发言、演讲、心得、感悟中以及班组安全记录、报刊、安全规章制度、安全法规中引摘精彩的核心内容，不断丰富和升华班组安全文化建设的内涵。

二、班组安全管理与安全文化

安全文化和安全管理是有机统一的，是具有联系，又有区别的关键。联系在于安全文化能够促进和优化班组安全管理，甚至认为安全管理的第一次飞跃是从经验管理到科学管理，而第二次飞跃是从科学管理到文化管理。区别在于管理的对象是系统全面的，文化对象主要是人的因素；管理强调人的责任，文化强调人的承诺；管理的功能是让想犯错的人不敢犯错，文化能够让有机会犯错的人不愿犯错。

安全管理是生产经营活动中有投入、有产出、有目标、有实践的对于安全进行有效管理的全过程，安全文化来源于安全管理，所有创新和发展必须建立在安全管理基础之上。安全管理提炼了安全文化，丰富了安全文化的内容和理念，其优劣又影响着安全文化的普及。安全文化是安全管理的基础和背景，是理念和精神支柱，安全文化指导并有力地促进安全管理，安全文化是安全管理的升华和最高层次的发展阶段，是一个深层次的人因工程，充分体现了以人为本的现代管理理念。

安全管理文化又是管理文化的一个重要组成部分。它是人们在安全管理方面的认识、手段、方法以及目标的总和。安全管理文化的发展既是安全管理发展的趋势和方向，又直接完善了安全管理的方法与手段，明确了安全文化的目标。

1. 安全文化对班组安全管理具有推动作用

安全管理是一件复杂的系统工程，是需要全员参与的动态管理过程。创造良好的、安全的作业环境和制定自我约束的管理体系，提高人们安全技能，规范其作业行为，减少和防止不安全行为，是安全管理的重要内容和手段。建设安全文化，营造热爱生命、关注健康的舆论氛围，建立良好的安全意识，对推动安全管理将产生不可估量的积极作用。另外，安全文化对人们产生影响的过程是一个潜移默化的过程，利用安全思想意识指导行为，达到安全决策和安全操作的目的。因此，必须重视安全文化对整个系统的决定性作用。

2. 安全文化是安全管理的基础

安全文化是安全管理的基础和背景，是理念和精神支柱，人们所具有的安全素质，包括安全状态及各自具有的安全知识和操作技能，以及他们对安全的意识、态度、认知、道德、习俗、信念、修养、价值观等都是安全管理的基础。安全管理的哲学、人们的安全素养、安全管理的伦理道德等这些无形的高尚境界却都要用安全文化来培养、影响和造就。安全文化的氛围、背景、人文环境会形成或造就企业特殊的安全管理模式。安全管理是企业安全文化的一种表现形式，安全管理是安全文化在企业安全管理中的某些经验、理性不断发展和优化的体现。科学的安全管理也属于安全文化建设的范畴。因此，安全文化也直接影响或造就了与时代经济、文化发展相协调的安全管理机制和方法。当然企业安全管理的进步和发展，作为一种独特的安全文化发展过程和一种相对独立的现象，自然也丰富了安全文化，促进了安全文化的发展。

第三章
电网企业班组安全建设与管理实例

近年来，一些班组在自身的安全文化建设过程中，提出了一些具有一定特色的安全文化核心理念，对安全文化的推进、提升和优化发挥了积极的作用。本节主要对两制两军事及核心业务班组的安全文化作为案例提供给读者参考。

第一节　两制两军事管理在新生代员工管理中的应用

新生代员工的特点决定了对新生代员工的管理，重点还是要培养其吃苦耐劳精神、抗压能力，团队意识，提高挫折容忍力、工作忠诚度，逐步消除以个人为中心的享乐主义思想。两制两军事管理虽然客观上存在一定的不合理之处，但在新生代员工管理中还是有用武之地。面对新生代员工管理过程中出现的诸多诟病，作为企业的管理者，有必要重新审视两制两军事管理这把"双刃剑"，从中寻找提升新生代员工诸多职业素养的方法、措施和规律，形成具有自己特色而又行之有效的一套两制两军事管理理论与实践方法。

一、两制两军事管理的可行性

两制两军事管理的优点在于通过在紧张艰苦的工作环境与条件下，营造个体之间的相互沟通、相互激励，团结协作的氛围，形成集体的战斗力克服个人无法越过的困难，完成个人无法完成的任务，增强个体的自豪感和对企业的归属感。而新生代员工的短处恰恰需要这种历练，新生代员工与两制两军事管理两者具有契合性，存在交集。管理的优点在于通过在紧张艰苦的工作环境与条件下，营造个体之间的相互沟通、相互激励，团结协作的氛围，形成集体的战斗力克服个人无法越过的困难，完成个人无法完成的任务，增强个体的自豪感和对企业的归属感。而新生代员的短处恰恰需要这种历练，新生代员工与两制两军事管理两者具有契合性，存在交集。

企业在新生代员工管理过程中，有机地引入两制两军事管理所特有的组织形式、行为准则和管理制度、训练科目可以提升企业新生代员工所需要各方面素质。

1. 军队特有的组织形式能培养吃苦、抗压能力强的员工个体

军队管理层实行"双主官"制，除了主管军事训练的连长、团长外，平级还配有指导员、政治委员，班排里还配有思想骨干，他们的主要任务是做好思想工作。通过思想工作端正动机、打消顾虑、减轻包袱、调适情绪、放松心情、提高积极性，防止受点委屈就寻死觅活，遇到困难就打退堂鼓，甚至于自残、轻生的现象。军队的这种专人专职做思想工作的组织形式，也适用于管理新生代员工，正如霍桑实验中的谈话的作用，通过经常性的思想教育和谈心交心，帮助他们继承上一辈艰苦奋斗的作风、树立吃苦耐劳的意识、塑造乐观开朗、积极向上的品质，及时缓解释放员工内心的压力，保持健康阳光的心态。做好人的工作，以最大限度地调动其工作积极性和创造性，是决定军队和企业管理工作成败的关键。所以，用于管理部队军人的准军事化管理，同样也可以

用来管理企业新生代员工。

2. 从组织属性看，企业基层组织与军队基层组织管理单元相通

企业车间班组和连队班排都有明确的编制人数和岗位职责，有规范的运行制度和工作流程。用于管理部队班排的军事化管理，同样也可以用来管理企业车间班组，从而创建最有效率的军队或企业基层组织，实现高层组织效率的最大化。另外，企业组织与军队组织都有分工、授权和执行，管理的过程和目标也相同。"明确分工，按级授权，细化标准，严格考核，严明奖惩"的军队管理方法有相当的合理性，应用到企业新生代员工管理中也能收到良好成效。

3. 从新生代员工对两制两军事管理的现实反应来看，社会基本认可

从历史的角度来看，企业实行两制两军事管理有一定的社会认可度。首先，理论基础扎实。新生代员工要不要实行两制两军事管理，学术界早已展开激烈的探讨。企业两制两军事管理的各类培训机构，更是造就了很多资深的讲师团队和个人。这些机构和个人，为新生代员工实施两制两军事管理奠定了理论基础。其次，社会基础成熟。如今的新生代，在从幼儿园起就一直接受军事文化的熏陶，小学、中学、高中、大学都进行军训和各类拓展训练。他们身向往军营生活，渴望穿上军装，内心认可军事化管理这种能体现人精、气、神的管理模式。他们的父母，从小对他们过度溺爱，也希望他们在进入社会前，能先接受军事管理的历练,将来能够更加适应快节奏、高压力的工作环境。所以现在有很多家庭把部队作为大熔炉,希望孩子到部队锻炼几年。可以说社会大环境,已为新生代员工实行准军事化管理创造了成熟条件。最后,现实基础完善。长期以来,企业新生代员工之所以能保持昂扬的精神风貌和工作状态,养成雷厉风行的工作作风,具有较高的工作自觉性、主动性、较强执行力,说明新生代员工已经具有了一定程度的接受准军事化管理理念的潜质,为全面推行两制两军事管理,要求他们努力做到令行禁止,进一步提高执行力、加强纪律意识作好了准备、创造了条件。

二、新生代员工两制两军事管理的可行性

从新生代员工的个体属性、企业的组织属性和社会的认可程度来看,对新生代员工实行两制两军事管理具有可行性。企业可以借鉴军队严格的管理模式,实行准军事化管理改变新生代员工精神面貌和行为习惯,提高人力资源管理效益。

1. 军人特有的行为准则可以让企业获得更加坚决的执行力

新生代员工,遇到问题都喜欢"十万个为什么",对分配的任务问自己为什么又是我,问别人为什么又是我,执行力不强。军人以服从命令为天职,服从是军队的灵魂,军人在接到命令时,无条件执行,不寻找任何借口。军人能做到靠的是日常行为准则的约束,这种服从和坚决执行在军队是战斗力的集中表现,在企业则是执行力和工作效率的表现。新生代员工管

理，也可以用部分军人的行为准则来规范员工的日常行为，作息制度、文明礼貌等，使员工养成自觉遵守纪律的好习惯，合理分配自己的工作和休息时间，自觉抵制外界或社会的不良影响，锻造军事作风，使企业获得像军队一样的战斗力和执行力。

2. 军队特有的管理制度可以训练高效率的生产团队

军队的管理制度能够让人脱胎换骨，形成浓浓的兵味和最有效率的组织，部队可以随时调动，任何一个位置都可以快速展开，也可以在瞬间迅速撤离，所以军队能从无到有，从小到大，战无不胜创造了一个又一个的奇迹。企业面临各式各样不同素质的新生代员工，借用军队管理制度明确企业宗旨、关心员工生活、团结内部力量、培养上进心、强化奖勤罚懒等，能够使员工在同一系统中按统一标准协同工作，实现个人从新手向熟练工的转变，实现团队从自由散漫到高效运转的转变。

3. 军事训练科目可以锻炼员工的综合素质

军人入伍训练有共同科目和专业科目之分，共同科目是每名军人必须掌握的，为新兵转变成一名合格军人做体能和技能准备。适时组织员工进行队列训练、武装越野、按图行进、米跑、俯卧撑、仰卧起坐、往返跑、轻轻武器体验射击等，通过这些"米、秒、环"运动，帮助员工驱除忧虑、焕发精神、健美减肥、改善自我形象。同时，带领员工参与一些模拟军事情景的拓展训练，多做户外运动也能呼唤新鲜空气，陶冶情操，增进沟通，为构建团队奠定基础，增加身体的协调能力和综合素质。

第二节　班组两制两军事建设

班组就是组织为迅速完成既定目标而由不同背景、不同技能、不同知识的人所组成的一种特殊类型的群体。由于它的成员具有较大的差异性，所以成员之间具有较强的互补性，每个成员的知识技能不同，为组织迅速整合资源应对环境提供了便利。班组管理理论对新生代员工的两制两军事管理具有一定的指导意义。首先，企业要在员工中建立具有较强凝聚力的团队。每一个组织都不是依靠松散的成员独立完成任务，只有依靠集体，实现群体效应才能使组织更具有战斗力。其次，两制两军事管理中特别强调人员间的协同性，强调人际关系的和谐与互动，其中沟通对建立较强凝聚力的群体具有重要的意义。

一、班组"设备主人制"建设

1. 班组体系建立

建全体系强责任。围绕"贴近设备、落实责任、精益运维、强化保障"的要求，建立"1+3"设备主人立体作战体系，明确设备主人"三种人"定位（设备主人 A、B、C）。以现场运维人员为设备主人 A 角，掌控设备整体状态；以专业检修人员为设备主人 B 角，解决设备专项问题；组建覆盖检修、试验、消防、土建等专业的柔性专家团队，作为设备主人 C 角，提供专业指导和技术支撑。落实"三有"职责（每台设备都有主人，每个人都有责任,每个环节都有管控),将设备管理责任细化到人,做到责任全落实,设备全覆盖。上下联动、专业协同、层层督导,实现运检业务全流程的闭环管控。

2. 班组配套机制建立

配套机制促转型。优化完善输电"立体巡检+全景监控"、变电"无人值守+集中监控"、直流"四位一体"、配电"工单驱动"新模式,激发设备主人主观能动性。坚持设备主人"责权对等、有责有权",紧密结合专业工作,完善运检工作计划、实施、检查、考核的闭环管理机制。构建运检人员履责评价体系,量化考评标准,有效保障设备主人职责落地,充分激发设备主人的积极性、主动性、创造性,推进设备管理从专业管理向全员管理转变。

3. 班组智能装备升级和数字转型建设

赋能赋智提质效。持续推进智能装备升级和数字转型建设,深化应用数字化表计、物联网传感器、智能联合巡检、移动终端等新技术,推广应用高精度、便携式设备状态监测仪器,提升设备主人"单兵装备"。以工单为载体,实现"验收、运维、检测、评价、检修"运检全业务过程数据透明化、流转自动化,将设备主人与设备实时状态信息和业务深度关联,实现"战斗反应"实时化,"缺陷打击"精准化、"业务阵地"透明化、"作战体系"一体化。

二、"全科医生制"建设

1. 班组骨干力量建设

(1)培养"诊断力"精准把脉。坚持"骨干先行,以点带面,稳妥推进，全面实施"的原则，制定青年员工轮训方案，高质量开展员工轮训，每年开展全部青年运维人员轮训工作。落实运维一体化业务推广方案，按照成熟一项、推广一项的原则，完成运维一体化业务推广工作。运维人员的状态感知、缺陷发现、主动预警能力得到全面提升，实现运维人员从设备日常维护型向检测诊断型转变。

（2）练就"决断力"一锤定音。注重培养熟设备、懂现场、有技术的业务骨干，抓好青年人才、高学历人才、创新人才的跟踪培养，安排有培养潜质的业务骨干在"吃劲"岗位上锻炼，参与重要工程的调试、重大隐患的治理、复杂事故的分析，使"全科医生"更有话语权，成为在专业领域内"一锤定音"的专家人才。

2. 骨干处置力建设

提升"处置力"对症下药。通过全过程介入工程建设，深层次参与设备监造，多专业轮岗交流等方式，促使运维人员深度熟悉设备结构原理、规程规范、运维要点，使"全科医生"更懂设备。通过组建"跨专业"团队，建立设备异常分析、故障诊断会诊机制，让运维人员参与到技术标准、规程规范的编制和设备异常检修策略的制订中去，全面提升运维人员风险管控和异常处置能力。实现运维人员从"设备保姆"向"全科医生"的升级。

3. 从严开展"运维准军事"

严树作风形象军事化。围绕"外树形象、内强素质"，严格执行运维人员"三大纪律、八项注意"，通过整齐划一的外在形象不断提升运维人员遵章守纪、令行禁止的规矩意识，推动运维队伍的"精、气、神"向军人看齐，让"军人气质"内化于心、外化于行。加强党建引领,大力开展党员身边无违章、党员身边零事故等安全示范活动,党员同志带头遵守各项安全生产规章制度,带动运维人员争当"安全卫士""护网先锋"。

4. 严管人员行为规范化

严格落实安全责任清单,做到知责履责。加强安全培训,做到"三不上岗"。严格执行"两票三制""十不干""八要八步""防止误操作十二项措施"等制度规定,杜绝恶性误操作事件发生。严格日常管理和检查,扎实开展"四个一"活动,培养运维人员高效的执行能力,顽强的工作作风,过硬的战斗精神。推行办公场所定置化管理,做到班容班貌"五净""五齐",形成团结、紧张、严肃、活泼的工作氛围。

5. 严抓作业流程标准化

树立"现场作业不执行标准化作业=违章"的理念,突出标准化作业的权威性、全员性。修订交接班、安全布防、倒闸操作、设备巡视、工作许可、设备监控等标准化流程。制作标准化作业示范教学片,常态化开展标准化作业训练,使标准化作业理念入脑入心,做到行动统一、步伐一致。加强现场作业内容、作业标准及作业流程督导检查,促进标准化作业落地,以铁的纪律,杜绝现场违章,守牢"安全红线"。

三、深入推进"应急准军事"

1. 建立梯次化应急队伍

组建以常态化设备抢修为主要任务的日常抢修队伍,做到专常兼备、闻令而动。组建以生命救援等为核心任务的省、市、县三级全能型应急救援基干队伍，按要求开展专业训练，开展24h常态化值班备勤。组建公司三级应急专家队伍，为公司应急管理和突发事件处置提供技术支持和决策咨询。梳理应急必备装备清单，配齐个人装备配置、专业装备及特种应急装备。动态调整补充人员，定期开展培训、演练。

2. 开展军事化应急演练

坚持平战结合，制定应急演练计划，常态化开展应急演练，创造条件与军队、武警、消防等合作开展军事化训练。以应急预案体系为抓手，结合区域特点、设备运行、社会环境等实际情况每年至少开展1次"无脚本"演练，"不打招呼、不编脚本、不定时间"。加强政企联动，做好输电通道森林草原火灾、重要变电站火灾等跨区域联合演练，加强防洪防汛、重要保电等属地联合演练。

3. 练就实战化指挥能力

按照实战化要求，定期修订各类应急预案和现场处置方案，确保预案及方案可用能用。编制标准化现场应急处置卡，确保异常处置快速规范。各级人员应熟悉各类应急预案种类、启动条件、处置流程、分工职责等内容，通过设置"设备设施损坏、电气火灾、防汛"等演练基础背景限时开展桌面推演，将纸面预案转化为应急战斗能力。严肃抢修现场主要负责人安全第一责任，建立突发事件现场处置安全监督网，坚持安全管控标准，做到抢险不冒险，实现应急处置科学化、规范化。

第三节　核心业务班组建设

以《国家电网公司关于加强设备运检全业务核心班组建设的指导意见》（国家电网设备〔2021〕554号）为依据，以具有特色的现代设备管理体系建设行动方案为指引，聚焦核心业务，压实主体责任，明确制度保障，优化资源配置，加快业务转型，全面加强设备运检全业务核心班组建设，有序推动大修技改项目自主实施，强化外包业务规范管控，助力打造"双样板"、推动"双创新"，建设现代"双一流"新发展目标高效落地，夯实公司高质量发展基础。

一、核心业务班组建设工作目标

为稳步提升各类运检班组核心业务自主实施能力，实现班组核心业务"自己干""干得精"，常规业务和其他业务"干得了""管得住"。有序推动技改大修项目自主实施，覆盖设备检修业务类型和数量逐年上升，设备运检类业务外包比例逐年下降。围绕全业务核心班组建设十项重点任务，落实核心业务自主实施要求，从过程管控、支撑保障、创新实践、业务实施、赋能创效五个维度开展评价，发掘薄弱环节，找准落地措施，总结典型经验，保障全业务核心班组建设质效，提升各类运检班组全业务自主实施能力，全面建成"作业自主、安全可控、技能过硬、创新高效"的设备运检全业务核心班组。

二、核心班组建设重点工作任务

（一）扎实推进核心业务自主实施

1. 梳理核心业务清单

根据国家电网有限公司全业务核心班组核心业务清单及能力建设要求，参照负面清单业务，结合业务难易程度、人员技能水平、装备配置情况，重新梳理各专业三类业务并形成清单。

Ⅰ类核心业务：与企业核心竞争力直接关联或对安全性、技术性等要求比较高的业务归类，必须自主实施，不得整项外包。

Ⅱ类核心业务：与专业核心竞争力关联性较大、属于核心能力范围的业务，鼓励自主实施。

其他业务：不具备行业资质、劳动力密集、社会化程度较高的业务，因业务难度、人力装备要求无法自主实施，鼓励外包。

（1）输电专业。根据公司输电专业现状梳理业务清单 82 项，其中Ⅰ类核心业务 71 项，Ⅱ类核心业务 11 项。

1）输电运维班业务共 18 项，其中Ⅰ类核心业务 13 项，Ⅱ类核心业务 5 项。

2）输电检修班业务共 29 项，其中Ⅰ类核心业务 26 项，Ⅱ类核心业务 3 项。

3）电缆运检 31 项，其中Ⅰ类核心业务 28 项，Ⅱ类核心业务 3 项。

4）带电作业班业务共 4 项，均为Ⅰ类核心业务。

（2）变电专业。共梳理地市公司（超高压公司）层级变电业务1405项，其中Ⅰ类核心业务860项，Ⅱ类核心业务455项，其他业务清单89项。

1）变电运维152项，含Ⅰ类核心业务106项，Ⅱ类核心业务44项，其他业务清单2项。

2）变电检修524项，含Ⅰ类核心业务221项，Ⅱ类核心业务259项，其他业务清单44项。

3）二次检修361项，含Ⅰ类核心业务308项、Ⅱ类核心业务10项，其他业务清单43项。

4）电气试验367项，含Ⅰ类核心业务225项、Ⅱ类核心业务142项。

（3）直流专业。根据公司业务开展现状，共梳理业务252项，其中Ⅰ类核心业务232项，Ⅱ类核心业务9项，其他业务11项。

1）直流运维122项、含Ⅰ类核心业务113项，Ⅱ类核心业务4项，其他业务5项。

2）直流检修130项，含Ⅰ类核心业务119项，Ⅱ类核心业务5项，其他业务6项。

（4）配电专业。根据公司现状共梳理业务56项，其中Ⅰ类核心业务28项，Ⅱ类核心业务10项，其他业务18项。

1）配电运检班30项，其中Ⅰ类核心业务14项，Ⅱ类核心业务5项，其他业务11项。

2）配电自动化试验班12项，其中Ⅰ类核心业务8项，Ⅱ类核心业务3项，其他业务1项。

3）配网不停电作业班6项，Ⅰ类核心业务2项，Ⅱ类核心业务1项，其他业务3项。

4）配电自动化主站运检班8项，Ⅰ类核心业务4项，Ⅱ类核心业务1项，其他业务3项。

2. 制定核心业务自主实施计划

各专业根据实际情况梳理核心业务，根据Ⅰ、Ⅱ类核心业务内容，编制自主实施计划，在规定时间内完成业务类型覆盖率达到100%。并重点注意以下几点：

（1）输电专业Ⅰ类核心业务自主实施业务类型正式员工必须担任工作负责人、安全员等重要业务负责人员。Ⅱ类核心业务由正式职工和劳务外包单位负责实施，针对现场蹲守、基础护坡修复等重复、社会化程度较高业务容许采用外包形式。

（2）变电专业。

1）Ⅰ类核心业务。

a. 变电运维专业优先自主实施倒闸操作、设备监控、设备巡视等81项Ⅰ类核心业务，后自主实施一次设备带电检测、监控系统运维等25项Ⅰ类核心业务，确保最终业务类型覆盖率达到100%。

b. 变电检修专业优先自主实施事故抢修、隐患排查、设备大修等207项Ⅰ类核心业务，后自主实施断路器灭弧室检修试验等14项Ⅰ类核心业务，业务类型覆盖率达到100%。

c. 电气试验专业优先自主实施缺陷事故处理、带电检测等220项Ⅰ类核心业务，后自主实施气体纯度检测、感应耐压等14项Ⅰ类核心业务，业务类型覆盖率达到100%。

d. 二次检修专业优先自主实施保护定检、设备验收等305项Ⅰ类核心业务，后自主实施站用交直流更换等3项Ⅰ类核心业务，业务类型覆盖率达到100%。

2）Ⅱ类核心业务。

a. 变电运维专业优先自主实施红外普测等33项Ⅱ类核心业务，后自主实施一次设备带电检测等11项Ⅱ类核心业务，业务类型覆盖率达到100%。

b. 变电检修专业优先自主实施主变本体检修等197项Ⅱ类核心业务，后自主实施断路器附件检修等62项Ⅱ类核心业务，业务类型覆盖率达到100%。

c. 电气试验专业优先自主实施一次设备交接试验等133项Ⅱ类核心业务，后自主实施SF_6气体组分检测等9项Ⅱ类核心业务，业务类型覆盖率达到100%。

d. 二次检修专业优先自主实施系统接入等9项Ⅱ类核心业务，后自主实施集控站日常维护等1项Ⅱ类核心业务，业务类型覆盖率达到100%。

（3）直流专业。已实现核心业务100%自主实施，下一步工作方向主要为提升技改大修项目自主参与度。

（4）配电专业。

Ⅰ类核心业务：配电专业优先自主实施线路设备巡视、项目需求、倒闸操作等23项Ⅰ类核心业务，后自主实施配电电缆故障精确定位、工程电气试验验收等5项Ⅰ类核心业务，业务类型覆盖率达到100%。

Ⅱ类核心业务：配电专业优先自主实施保电、带电作业等 4 项Ⅱ类核心业务，其次自主实施电气试验、终端维护、设备检修等 5 项Ⅱ类核心业务，业务类型覆盖率达到 90%。最后自主实施电缆检修Ⅱ类核心业务，业务类型覆盖率达到 100%。

（二）稳步开展技改大修自主实施

1. 输电专业

针对绝缘子、金具、避雷器、接地装置等影响设备本质安全的大修技改项目，优先纳入自主实施计划。输电检修专业优先开展三牌治理、接地网治理、防掉串治理、防鸟治理、电缆附属设施修复等 B、C 类检修项目。首先掌握大修技改项目管理流程及要求，逐步开展三牌治理、接地改造等大修技改项目。其次能够组织完成所辖线路铁塔防腐治理、防鸟害治理、金具更换、在线监测安装等大修技改项目，覆盖业务类型达 10% 以上、数量比例达 5% 以上。最后组织完成所辖线路更换绝缘子、加装避雷器、电力电缆附属设施、组塔放线等大修技改项目，覆盖业务类型达 85% 以上、数量比例达 25% 以上，具备组织完成所辖线路 A-B 类检修项目自主实施能力。

2. 变电专业

针对主要设备拆装、主要部件更换等实施频率高、技术含量高的大修技改项目，形成自主实施重点项目清单，优先纳入自主实施范围。变电检修专业优先开展变压器、断路器、组合电器、隔离开关、开关柜等 5 类一次设备 136 项 A、B 类检修。电气试验专业参照变电检修专业自主实施项目，同步开展 37 项交接试验。

二次专业重点开展继电保护及安全自动装置改造、站用直流屏更换、自动化设备改造等项目自主实施。要求如下：

（1）先期开展的自主实施项目类型不少于45%、项目实施数量不少于10%，变电专业重点掌握隔离开关技改大修、断路器技改大修、开关柜改扩建、主变大修自主实施能力，电气试验专业同步开展设备交接试验工作，开展带电检测自主实施工作。二次专业重点掌握单间隔保护装置及安全自动装置更换自主实施。当年年底，召开建设情况交流总结会。

（2）中期开展实现自主实施项目类型不少于65%、项目实施数量不少于15%，变电专业重点掌握主变技改、组合电器大修自主实施能力，电气试验专业同步开展设备交接试验工作。二次专业重点掌握单间隔保护装置、安全自动装置、自动化设备改造自主实施。当年年底，对各单位建设情况开展评价。

（3）最后实现自主实施项目类型不少于75%、项目实施数量不少于20%，变电专业重点掌握组合电器技改自主实施能力，电气试验专业同步开展设备交接试验工作。二次专业重点掌握单间隔保护装置、安全自动装置、自动化设备、变电站蓄电池及直流系统改造自主实施。当年年底，对各单位建设情况开展评价。

最后实现项目类型不少于90%、项目实施数量不少于25%的目标，实现全部二次设备改造自主实施。熟练开展各主要设备技改大修项目实施。

3. 直流专业

优先开展自主实施技改大修项目能力评估，结合公司项目实施及管理，制定人才结构储备补足五年计划，明确直流班组项目参与程度提升计划。在持续保证大修技改项目自主实施100%覆盖率的基础上，加强直流班组人员核心专业技能培训，提升直流班组人员大修技改项目参与程度。

4. 配电专业

配电专业大修技改共44类业务，涉及设备类大修改造的29类业务逐步实现自主施工，涉及土建及系统大修改造的15类业务进行业务外包。首先重点开展人员业务技能培训，自主实施项目覆盖业务类型达到20%，数量比例达到5%；其次自主实施项目覆盖业务类型达到40%，数量比例达到10%；最后自主实施项目覆盖业务类型达到60%，数量比例达到15%。要求如下：

（1）具备开展线路防雷、绝缘子、电缆终端头、跌落熔断器、隔离开关、电压监测装置等大修技改项目自主实施能力，试点实施架空线路、低压设备、环网柜更换项目，覆盖业务类型达到20%以上，数量比例达到5%以上。

（2）具备开展杆塔、接地、自动化终端、架空线路绝缘化大修及环网柜更换项目实施能力，试点实施变压器及配电自动化终端改造等项目，覆盖业务类型达到40%以上，数量比例达到10%以上。

（3）具备开展低压电缆线路、变压器、配电自动化终端、柱上开关、综自直流系统等大修技改项目实施能力，覆盖业务类型达到55%以上，数量比例达到15%以上。

（4）开展柱上开关、环网柜、变压器大修及电缆本体、开关站、配电室改造项目实施，覆盖业务类型达到 85% 以上，数量比例达到 25% 以上。

（三）完善配套人员保障及激励措施

1. 优化人力资源配置

招聘高校毕业生和接收安置复转军人岗位计划编制紧密围绕主营业务、核心岗位，并向生产一线倾斜，重点补充到缺员的核心班组，加强一线班组人员力量，每年超高压公司要将不低于 90% 新进电工类人员分配到输变直一线岗位，地市公司要将不低于 60% 新进电工类人员分配到输变配一线岗位。认真盘点现有人员结构素质，在公司整体缺员和结构性缺员并存情况下，充分利用内部人力资源市场多种配置方式，盘活冗员、超员以及主业支援省管产业单位回归人员，评估专业特长、业务能力等，择优补充到缺员的核心班组，进一步提高生产班组岗位人员配置水平，确保人员配置满足业务要求，核心岗位的人员配置率不低于 90%，否则不予认定全业务核心班组。统筹考虑班组梯队建设，优化班组人员结构，严格落实班组人员一线工作"358"年限要求，杜绝随意借用、借调，保障人员、技能不断层。

2. 岗位薪酬机制向一线倾斜

建立与薪酬兑现紧密挂钩的一线员工考核机制，灵活采用工作积分制、责任包干制、抢单制等方式，精准衡量一线员工工作量和绩效贡献。合理拉开绩效奖金差距，生产一线班组员工的绩效工资占比不低于 50%，班组 A 级员工绩效工资应不低于同层级员工平均绩效工资的 1.2 倍，C 级员工不得高于本班组员工平均绩效工资的 90%。对全业务核心班组人员给予薪点积分激励，全业务核心班组长年薪酬最高可达到专业部门四级副职水平。

3. 落实核心业务项目自主实施激励

建立三级内模市场考评机制，划小核算单元，明确交易主体成本和产出效益核算规则，准确评价自主实施项目成本及效益贡献，评价结果与自主实施项目成员绩效薪酬挂钩。以设备管理效能提升导向，围绕"设备主人制"，开展绩效考核与薪酬分配方法创新，激发一线员工自我管理和主动改进的内生动力。依托内模市场考评机制，以自主实施项目所在单位为主体，推行自主实施项目成本及效益贡献奖励，设立不超过本单位工资总额 1% 的专项奖，根据完成年度业务类型、数量、质量及效益贡献，制定奖励标准和规则，对自主实施项目的班组、员工给予专项奖励。后续根据各单位项目自主实施工作的质量和成效，进一步加大激励力度和奖励标准。

4. 拓宽班组人员职业成长道路

畅通班组长技能成长通道，积极推动班组长任四、五级职员，并将有 2 年及以上全业务核心班组长经历作为部分关键岗位提拔晋升基本条件，同等条件下，新提拔的中层干部优先选用有班组长任职经历者。加强班组长后备梯队建设，动态选拔优秀班组员工纳入班组长后备梯队，及时将工作责任心不强、工作能力不足的班组长调离班组长岗位。实施业务实干与技术、技能等级双向积分，完善专业技术、技能等级评定和优秀人才的选拔机制，建立班组层面的专家库和后备人才库，针对全业务核心班组人员，在工匠、专家评定方面予以优先考虑,同时加大核心班组员工评优评先比例,激励员工向全业务核心班组靠拢,保持全业务核心班组队伍稳定性和持续性,激励广大一线员工立足本职岗位成长。

(四)多措并举提升人员业务技能

丰富培训模式,因地制宜采用师带徒、班组学习、建设单位学习、教培中心学习等方式,采用"请进来+走出去"方式,选拔技术骨干到厂家学习,充分利用线上学习资源库,提高技能培训便捷性。把培训履历、培训成绩与岗位晋升强挂钩,提高员工学习积极性。

1. 输电专业

制定针对悬式整串复合绝缘子更换、组塔架线、导地线更换等大型复杂项目专项培训计划,选送青年员工(新员工)到先进单位学习业务技能工艺和安全管理手段。加强人员带电作业证等培训取(复)证力度,主动联系外省等地实操技能培训中心,增加培训人员数量,不断促进人才队伍业务技能水平提升。

2. 变电专业

坚持骨干先行带动全员提升。制定青年员工轮训方案,高质量开展员工轮训,首先完成全部青年运维人员轮训工作。落实运维一体化业务推广方案,按照成熟一项、推广一项的原则,其次完成运维一体化业务全融合。提升运维人员的状态感知、缺陷发现、主动预警能力,实现运维人员从设备日常维护型向检测诊断型转变。

(1)坚持专业协同促进能力提升。通过全过程介入工程建设,深层次参与设备监造，多专业轮岗交流等方式，促使运维人员深度熟悉设备结构原理、规程规范、运维要点，使"全科医生"更懂设备。组建"跨专业"团队，建立设备异常分析、故障诊断会诊机制，全面提升运维人员风险管控和异常处置能力，实现运维人员从"设备保姆"向"全科医生"的升级。加快推进监控人员"双证"（调度资格取证、消防资格取证）资格认证，最后全员具备双证资格。加快推进运维与监控人员轮岗，每年轮岗人员占比不少于20%。

（2）坚持跟踪培养增强内生动力。注重熟设备、懂现场、有技术的业务骨干的跟踪培养，适时安排在"吃劲"岗位上锻炼，参与重要工程的调试、重大隐患的治理、复杂事故的分析和集控系统建设，激发员工干事创业内生动力，培养一批在专业领域内"一锤定音"的专家人才。参照国网技术学院青年员工培训模式，每年开展30%变电人员岗位技能轮训，实现培训优秀员工20%人员岗位晋升。重视班组长队伍建设，提高关键岗位从具有2年及以上一线班组长经历提拔晋升的比例。拓宽职业发展通道，职员职级评定、专家人才遴选向一线班组适当倾斜。注重在班组选树培养先进典型，提高一线班组职工参评劳模先进人数比例，进一步加强班组职工劳模、工匠的培养力度。

3. 直流专业

提升运维全科医生水平。深度开展"运维一体化"，联合电科院、教培中心开展换流站运维人员红外检测、紫外检测、油色谱试验等专业培训，提升在线监测、带电检测能力。结合反事故推演系统常态化开展倒闸操作、事故处置、设备巡视等模拟演练，掌握主辅设备运维巡视要点，提升运维专业核心业务能力。全面推广"项目经理制"，熟练掌握"四措两案"编制审核、危险点预控、作业风险分析等内容，能够进行队伍、人员准入审查、安全交底，具备换流站现场作业安全管控能力，全面提升施工项目安全。每年正值、值长及以上运维岗位至少参加 2～3 次运维全科医生培训，全面掌握设备运维技能。

提升直流核心设备检修参与深度。坚持"请进来，送出去"培训模式，完善与直流核心设备厂家培训机制，结合换流站现有一、二次实训室开展交直流设备实操培训，搭建阀组件实训平台开展换流阀元器件更换、晶闸管试验等培训加深设备或系统结构、核心原理的掌握程度。建立设备主人 A、B 角及定期轮换机制，主持开展该类设备的检修消缺、隐患排查等工作，扩大检修人员专业广度，由熟悉掌握一种核心设备（如阀、控保、水冷）扩大至一类设备（交、直流一次、二次或辅助设备）。直流检修高级工及以上岗位每年至少培训 2～3 次，覆盖专业不少于 2 个，进一步提升检修人员技能水平，最终达到班组全覆盖、个人 1+2（个人掌握一类设备、了解熟悉另外两类设备）的程度。

4. 配电专业

开展全员培训。

（1）每年组织区县公司配电专业人员在培训中心开展技能培训不少于 5 次，培训内容包括配电自动化、带电作业、电缆工艺及附件、电气试验、工程档案管理等"理论＋实操"培训。至2025年，全业务核心班组所有配电专业人员完成2轮以上的培训。

（2）取证考试，依托培训中心实训基地，对配电专业人员开展带电作业、电缆工艺及附件的培训取证考试，配电专业人员取证率每年提升20%，2025年取证率实现100%。

（3）制定激励措施，鼓励开展建造师、工程造价师等取证培训，每年每个县公司取证通过人员2人以上。

（4）建立工程施工培训基地，组织开展施工机械使用、工厂化预制、工程现场施工、设备试验调试等培训，每年至少组织1次培训。

定期开展岗位技能竞赛。每年在市公司层面组织一次配电专业岗位技能竞赛，每两年在省公司层面组织一次配电专业岗位技能竞赛，结合生产任务情况选择竞赛项目内容与形式，设置团体、个人竞赛项目及奖励名额。

（五）加强外包安全质量管理

1. **加强核心业务外包队伍培育**

压缩业务外包供应商数量，筛选长期合作、配合默契、安全资信高、质量管控好的外包队伍，签订长期战略合作协议，保证核心队伍市场份额，提高核心外包队伍工作积极性和人员稳定性。

2. **开展外包服务供应商评价**

强化外包服务单位资格预审，深化外包服务单位承载力分析，对外包队伍实行动态分类管理，每年定期开展资信评价，资信评价应涵盖承包单位项目业绩、人员管理、进度管理、安全管理、质量管理、履约信用等方面，建立"驾照式扣分考评机制"，对评价结果落后的承包单位进行预警、约谈或实行淘汰。设立外包单位、人员黑、白名单，由下而上形成正向激励机制，留精去糟。

3. 强化作业质量管控

加强项目实施质量管理，严格执行相关设计规程、技术标准和标准化作业规定，规范人员作业行为和作业步骤，管控作业安全和质量。组织作业人员岗位能力认证，具备资质方可上岗。全面规范到货、投产验收的内容、流程、管理职责等，严格按照验收工序质量控制卡进行验收，对发现问题实行闭环管控。项目投运后，开展工程质量后评估工作，针对验收过程中发现并处理的问题做好情况跟踪，建立工程质量后评估与回头看检查工作机制，定期梳理检查工程投产后的运行和实体质量情况，从设计、施工、物资等方面进行总结分析，持续提升外包业务质量。

4. 强化现场安全管控

落实外包队伍、人员"双准入"机制，对外包人员的安全准入信息进行报备审核、对外包业务涉及的安全工器具以及大型机械进行检查，加强"三措一案"审查，严格工作票"双签发"制度，加强项目单位、外包单位"双监护"，严防"以包代管、包而不管"。对于复杂施工、分阶段且长周期施工、施工过程中停电范围或设备类型、接线方式发生变化等高风险作业，外包单位应设置现场专责监护人。推广移动便携式视频采集设备对现场作业进行全程监控，实现作业人员实时安全监护。

(六) 推进运检业务模式转变

1. 建设融合型班组

推进运维监控业务融合,充分发挥监控专业优势,梳理重要变电站、重要负荷间隔、重要设备情况,优化运维人员配置,在重负荷、大电流期间开展精准有效巡视。构建由变电运维、检修、试验、消防、土建等专业人员组成的运维单位柔性团队,提供运检技术支撑,实现运维人员向"设备主人+全科医生"转变。优先完成全部119项变电运维一体化业务实施。推动直流运行、维护专业融合。加大直流专业技术和运维技能培训力度,安排设备主人提前参与新建换流站验收调试,提升专业能力,推进运检一体化。

2. 推进配网建设运维一体化专业管理

发挥项目管理中心(配网项目中心)支撑作用,深化供电服务指挥中心(配网调控中心)运营,加强营配调专业协同,强化"强前端、大后台"现代服务体系建设。在城区供电服务机构和县供电公司组建"中低压统筹、一、二次兼顾、运检抢一体"的配电全功能核心班组。全面推广配电业务移动作业和在线管控,深化工单驱动业务的配网运维管理模式,实现配网运维检修、故障抢修等业务过程闭环管控,提升配电设备运维保障能力。

(七) 加快运检业务数字化转型

1. 输电专业

通道可视化监测装置方面。加大装置采购投入,强化掉线设备维修力度,提升整体装置在线率。优先实现750kV及以上线路通道可视；其次实现330kV线路全覆盖、220kV线路重要隐患区段全覆盖，装置在线率不低于85%；实现220kV线路通道可视，装置在线率不低于90%；最后实现110kV线路重要隐患区段通道可视，装置在线率不低于90%。

无人机配置方面。加大无人机采购投入，强化激光点云采集和自主巡检应用，实现无人机自主巡检全覆盖。优先实现无人机配置率提升至2.0架/百km；逐步提高具备RTK功能无人机配置比例，按每年约10%比例增加，最后提升至50%以上。

输电在线监测方面。按现有规模约10%比例，结合实际需求逐年配置覆冰、舞动、微气象等类型输电线路在线监测装置。

电缆在线监测方面。持续提升电缆在线监测配置，逐步完成一级电缆隧道覆盖率达到100%，最后电缆隧道完成试点建设。

2. 变电专业

加快推进变电移动应用外网化。优化变电业务流程，推进缺陷工单化管理，减少人工录入，强化数字赋能，开展移动应用终端与试验仪器融合，实现试验数据自动回传。首先实现变电移动作业两票业务全部在线化、移动化。其次实现现场勘察，缺陷管理等主要变电业务外网化，缺陷管理工单化。深化变电移动作业应用，最后实现全部变电业务线上管理。

加快智慧变电站建设。坚持与新一代集控系统建设站端改造相结合，同步开展变电站智慧化改造工作，按照"先高压后低压、先新站后老站"的原则，逐步开展项目储备及实施。坚持与老旧设备改造、设备隐患治理相结合，优先选用具备一键顺控、智能表计等智能化设备。坚持实用实效,充分总结吸收智慧站改造经验,优先部署一键顺控、数字化表计、智能巡视等能切实提升一线班组工作效率的应用,降低单站改造成本。

加快新一代集控站集控系统建设。充分发挥公司地域优势,着力打造"省版"集控系统,形成"$N+1$"系统架构,通过管理信息大区,实现全省集控数据实时展示、在线管理。首先完成全省新一代集控站集控系统主站建设全覆盖,10%变电站主设备监控信息接入。其次完成100%变电站主设备监控信息接入。最后完成80%变电站站端辅助设备改造及监控信息接入,全面提升核心班组设备监控细度。

3. 直流专业

加快数字换流站项目一期应用实施推广,提升直流运维、检修班组核心业务数字化开展比例,推进数字换流站后续阶段应用开发部署,坚持"取自基层,用在一线"原则,从设备运维一线班组征集刚性需求,借助物联网感知、大数据分析、人工智能辅助决策,实现核心设备状态数据感知全、业务应用覆盖广、安全风险管控实,结合数字化班组建设,真正做到数字赋能,提质增效。

4. 配电专业

建立统一的标准规范,贯通业务系统数据,打造面向班组全业务的移动集成应用,基于移动终端和实物"ID"的开展设备基础数据在线维护,基于供电服务指挥系统开展移动巡检作业和主动抢修、工作票和操作票在线办理。深化配网工程管控移动应用,开展配网工程资料数字化移交。首先存量配电主设备实物ID贴码率达到100%，配变智能融合终端覆盖率达到100%。其次配电设备配电自动化覆达到100%。

首先50%的地市公司完成配电专业数字化班组试点建设任务。其次66%地市公司完成配电专业数字化班组建设。最后总结数字化班组建设经验，深化PMS3.0、电网资源业务中台应用，全面推进数字化班组建设，配电专业数字化班组覆盖率达到100%，设备智能化率、业务数字化率分别达到30%、95%，实现数字化转型。

（八）补足自主实施硬件配置

1. 输电专业

加强核心业务工器具、材料和人员装备管理，加大带电库房升级改造和班组装备采购投入，积极配置电动升降装置、绝缘绳、卡具、无人机、激光清障仪、仪器仪表、安全带、智能安全帽等购置，配足核心班组作业支撑装备，确保满足带电作业自主实施需求。

首先，完成核心业务工器具、材料和人员装备等账卡物清单梳理，根据缺口编制采购清单，按照《固定资产零星购置管理规定》要求，优先采购无人机、激光清障仪、卡具、仪器仪表、高频局部放电检测仪等器具。

其次，根据采购清单，完成机械器具、材料和人员装备到货验收入库，各地市公司按3套激光清障仪、2套电动升降装置、1套地线修补机器人配置，带电作业各地市公司按屏蔽服（15套）、绝缘绳10根、绝缘软梯5副、滑车10个（0.5t、1t等）、软梯头5个、绝缘操作杆5个（各电压等级）、各类卡具丝杠5副、绝缘托瓶架拉板3副等满足220～330kV线路带电作业业务标准优先采购和配置。

最后，定期开展账卡物一致性检查，梳理自主实施需求，及时淘汰和更新补充器具装备等物资，支撑自主实施。

2. 变电专业

逐步按照需求配置仪器仪表及工器具，重点配置红外热成像仪、超声波局部放电探测仪、三相继电保护校验仪、移动终端、电缆断线钳、电容电流测试仪、开关机械特性测试仪、变压器绕组变形测试仪、氧化锌避雷器测试仪、蓄电池活化测试仪以及蓄电池特性测试仪等工器具及仪器仪表。

3. 直流专业

通过租赁、零购等方式增配叉车、阀厅作业车、小型升降平台等特种作业车辆，合理配置作业机具，满足直流综检现场需求。并配齐油色谱检测相关仪器设备（油色谱检测装置）、紫外成像（紫外检测）、红外测温仪、绝缘电阻表、万用表、钳形电流表等基础类装备，增配直流控制保护系统板卡软件调试和下载工具、便携式故障录波器、继保测试仪等测试类仪器，确保基础支撑装备配置到位。

4. 配电专业

逐步按照需求配置仪器仪表及工器具，重点配置红外热成像仪、超声波局部放电探测仪、不停电作业装备、移动终端、电缆断线钳、电容电流测试仪、开关机械特性测试仪、变压器绕组变形测试仪、氧化锌避雷器测试仪、蓄电池活化测试仪以及蓄电池特性测试仪等工器具及仪器仪表。

（九）做实班组基础文化建设

1. 提升班组价值定位，塑造多元团队文化

以"工匠精神、主人翁精神、劳模精神"为先导，以三大机制为保障，激发职工内生动力。一是竞赛机制，以地市公司或以中心为平台，结合两制两军事建设，定期开展专业技能竞赛、岗位练兵活动，以赛代练，加速提升员工技能水平。二是分享机制，定期组织班组内交流、班组间交流、中心间交流，采用人人上讲台、线上课堂等方式，讲案例、讲技术、讲经验、讲亮点、讲感受，通过分享提升班组技术文化交流。

2. 营造崇尚技能、鼓励创造的良好氛围

提升文化引领能力，发挥劳模、工匠、技术能手等带动辐射作用，强化核心技能传承。提升班组凝聚力，形成特色班组文化，营造班组活力上进、互帮互助、善学强技的良好氛围，促进班组成员的共同进步。推进班组减负，解决过度留痕、文山会海等问题，优化检查评比，减轻班组事务性工作负担，确保班组人员主要精力用于现场，打好基本功、掌握真本领。及时宣传班组具有普遍推广意义的做法、成员积极向上的精神风貌，形成讲学习、练技能、求创新、比贡献的良好氛围。

（十）强化党建引领

1. 深入实施"党建+"工程

推动班组党建与生产业务深度融合，聚焦重大改造项目、重

点工作任务等，鼓励党员认领包保"急难险重"任务，带头防风险、除隐患、遏事故。突出典型示范，开展党员责任区、党员示范岗、党员安全宣教队建设，加强安全理念宣贯，宣传安全生产感人事迹，树立安全生产先进典型。

2. 发挥党员模范带头作用

党员带头强业务、练技术、提能力，广泛开展"党员身边无违章"活动，建立现场党员保安全、保质量标准化管理制度，发挥骨干党员、领军人才作用，针对安全生产中的重点难点问题，带头开展管理创新和技术攻关活动，带头学习推广新技术、新工艺，为安全生产提供有力的科技支撑。

第四节　两制两军事及核心业务班组建设案例

在企业中推行两制军事化管理是指把一个企业当作部队的组织单位，通过制度规范强化员工行为，通过平时的严格训练使员工具有强壮的体魄、坚强的意志和较高的工作热情，通过学习部队的管理手段提高员工的技能水平、敬业精神、团队意识、责任意识，从而为企业的目标实施有一个强力保证。本章节将对输变配专业实施两制两军事及核心业务班组管理的一些典型案例进行讲解。

一、某供电公司两制两军事及核心业务班组实施典型案例

为加快构建现代设备管理体系，推进核心业务自主实施，提

升一线人员技能水平,某供电公司结合实际,按照"部分业务试点、成效总结评估、拓展实施范围、全面深入建设"的工作路径,围绕"三为"主动施策,开展两制两军事管理,扎实推进全业务核心班组建设。

1. 落实政策,提升动力促"想为"

积极开展运检全业务核心班组综合示范建设,以一线班组业务承载能力现状为出发点,编制三年创建计划,明确全业务核心班组覆盖率当年超65%的目标。

公司主要负责人挂帅,组建全业务核心班组建设专班,印发核心班组建设实施方案,强化全业务核心班组专项激励并纳入公司年度重点任务管理。方案涵盖"项目自主实施专项奖""内控成本激励奖""核心班组建设成效奖""个人技能提升奖"等4项激励措施,多重举措激发基层活力,创建"多做多得"和"人人想做"的核心班组氛围。

2. 开拓进取,积极担当助"敢为""善为"

公司以狠抓员工培训为突破口,打造配电二次工厂化预调试基地等培训场所,开展"比学赶超"技能培训,为核心班组建设夯基固本。配套制定"核心班组建设安全管控措施""自主实施项目管理细则""员工优化配置方案""员工技能提升三年计划""绩效考评激励办法"等专项文件,为核心班组创建工作保驾护航。

公司开展专业选拔,遴选公司级技术专家,通过技术大讲堂、实战比武等活动,在各个专业中形成专家人才技术引领氛围。新进大学生、转岗员工优先配置核心班组，同步落实串联谐振测试仪等检修装备缺口，在"人、材、机"三方面做好保障，确保核心业务有序开展。

（1）变电专业组建智慧变电站建设、数字化班组建设、深化党建示范等柔性团队，以点带面推动核心班组创建。结合110kV变电站集中检修，自主实施220kV主变压器分接开关传动机构维修等核心业务，实现220kV隔离开关检修等2项目业务零突破，做到变电检修专业核心业务全覆盖。

（2）输电专业由高级技术专家引领，打造带电作业和输电检修两张王牌，做实主城输电带电作业协作中心"领跑员"。自主开展220kV输电线路耐张绝缘子串带电更换等复杂作业，主动承担公司输电培训基地铁塔组立和导地线架设任务，"以战代练"检验复杂项目指挥和作业能力，实现组建铁塔能力零突破。

（3）配电专业自主开展"零停电"感知区分布式DTU调试验收，参与融合终端实用化台区建设，实现"新技术能做"；自主实施某10kV线路新建工程，独立完成电缆头及附件制作试验、高能效配电变压器及JP柜安装调试等，做到"老业务不丢"。

欲筑室者，先治其基，某供电公司从提升一线班组技能技术水平和核心业务执行能力出发，以"等不得"的紧迫感、"慢不得"的危机感和"松不得"的责任感不断深化运检全业务核心班组建设。

二、变电检修专业两制两军事及核心班组建设典型案例

【案例3-1】某公司电网发展起步早、规模体量大,设备运检专业是"老牌强项",为进一步落实"一体四翼"协同发展和现代设备管理体系建设,适应新形势对电力保供履责能力提出的更高要求,公司高度重视生产队伍核心能力建设,科学部署、周密组织,营造输变配各专业"比学赶超"的良好氛围,全力推进两制两军事管理。

(1)在全业务核心班组建设过程中积极开展检修模式创新,利用"工厂化"和"数智化"提升变电检修效率效益。在检修现场积极开展核心业务自主实施,严守规程、规范行为、持卡作业,保障了设备安全稳定运行,凸显了"电力医生保安全"的重要使命。

1)充分利用国网 A 级工厂化检修基地推行隔离开关和断路器"轮换式检修+工厂化检修",实现现场解体大修向轮换式检修转变,现场作业向车间作业转变,减少现场检修工序,减少70%停电时间,降低现场作业风险。利用检修基地开展公司变电检修人员技能专项培训,通过实际参与变压器、断路器、隔离开关解体检修的方式提升检修人员技能水平,全年已先后组织培训班8次,累计培训人员200余人。

2)按照"深化核心业务自主实施,推动常规业务能力回流,强化其他业务外包管控"原则,统筹考虑业务技术含量、项目规模和专业代表性,将高压电缆、互感器、隔离开关等主设备拆装调试,断路器、组合电器机构维保等业务列为自主实施重点。充

分利用电科院、设计单位、建管单位、装备厂家等多方资源，形成优势互补、共同进步局面，创新开展设备"首检式"验收，稳步提升班组自主实施能力。

3）以"夯实一线员工基础、促进生产骨干提升、强化管理精英选树"为主线，制定《设备运检专业队伍能力提升工作方案》，采取理论学习、动手实操与比武练兵相结合的方式，开展专题培训及练兵。

4）积极探索专业理论与技术技能相结合的培养模式，全力打造"一次检修、高压试验、油化试验、带电检测"的综合性检修队伍。以检修现场即"练兵场"的原则，紧抓核心业务，促进专业技艺传承，对新进员工开展套管更换全过程培训，确保培训质效。通过培训，新进员工逐渐从"自己干"转变到"自主干"，真正实现"以练促学，以干代练"的目的。

（2）奖惩表彰激发"抢"的动能。

1）建立专项工作动态评价机制，细化制定多维度评价标准，量化分析进度、质量等阶段性工作成效，定期通报评价结果并纳入业绩考核。强化"多劳多得"分配导向，对承担技改大修自主实施、核心技能提升明显的员工给予绩效倾斜，根据工作难度、数量、安全系数定级后给予补助奖励，最大极差达2000元。加强技术骨干梯队建设，加大先进典型选树，全业务核心班组优先参与工人先锋号等荣誉评选，增强荣誉感、成就感和责任感。

2）开展青年"微积分"测评，细化16项积分指标，引导青年员工主动突破、担当作为，畅通技能人才专业技术发展通道，表现优异的全业务核心班组员工优先推荐参加精英班、骨干班等培训，优先参与技术能手、劳模工匠等评比，打造"敢担责、肯做事"的一线人才队伍。

合抱之木，生于毫末；九层之台，起于累土。公司遵循核心业务"自己干"、常规业务"干得了"、其他业务"管得住"的原则，精细耕耘、稳步提升，朝着年初制定的目标扎实推进。下阶段，公司将继续紧跟国网公司、省公司建设步伐，落细落实各项建设要求，重心下沉、贴近基层、创新创效，培育新时代生产技能人才队伍，以核心能力的不断提升，迎接更大考验、更大锤炼，持续夯实电力保供稳定局面。

【案例 3-2】为深入贯彻落实公司"一体四翼"总体发展布局，做实做强做优基层班组，打造高素质修试专业人才队伍，某公司不断尝试核心业务自主实施、加强员工核心业务能力培育、推进班组智能化建设，着力确保班组核心业务"自己干""干得精"，常规业务和其他业务"干得了""管得住"。

1. 筑牢电力保供压舱石，守好设备运检自留地

（1）坚决扛牢电网保供责任，确保核心技能不滑坡。某供电公司变电检修中心持之以恒自主实施定检例试、应急消缺、基建验收、政治保电等工作，是省内最早带电检测专业化单位、自主实施交接特殊试验主业单位，多措并举确保核心业务"自己

干""干得精"。

灵活运用主设备出厂"旁站+远程"验收方式，刚性执行反措等规程规定，突出做好变压器、GIS、开关柜交流耐压及局部放电关键试验把关，源头把控设备入网质量。

采取缺陷闭环严管控、故障案例共复盘、技术分析齐总结、建章立制重防范等"组合拳"，从预防性定期检修向预知性状态检修转变，营造崇尚技术氛围，强化操心文化建设，抓好整改落实后半篇文章，压实设备管理主人责任担当。

（2）坚持技改大修实战练兵，努力锤炼看家本领。变电检修中心坚持"以干促学""以战练兵"，始终保持重要变电一次、二次设备 A/B 类检修能力，逐年提高技改大修自主实施比例，重视前期勘察、设备安装、调试验收、安全管控等项目全流程实施，推广集中检修，现场打造成"练兵营盘"。

坚持技改大修分工不分家，项目储备多专业结合立项，实施过程中带电检测先行、变电检修统筹、电气试验决策、继电保护支撑，各专业融合发展破除壁垒，以"严细实"工作作风打赢每一次综合性检修任务。

（3）把牢党建引领定盘星，加快青年人才托举培养。打造"一室两基地"平台，以"党建+科创"工作室为核心，以青年创新创效基地和变电设备实训基地为依托，强化人才实训培养，确保核心业务后继有人，源源不断培养高素质专业化青年。

（4）坚持问题导向，鼓励青年良性竞争。定期开展变检青年技术沙龙，通过典型设备案例分享、设备故障回头看、技术规程宣贯领学、情绪心理疏导，积极引导青年员工聚焦主业主责，加压奋进，实干笃行，谨防"鳄鱼变壁虎"，杜绝"温水煮青蛙"，拒绝"躺平和emo"，在公司高质量发展中凝聚新时代青春力量。

2. 树立数智转型风向标 持续装备技术升级创新

（1）强化数智赋能，坚持创新引领。变电检修中心针对传统检修作业领取物料依赖人工、效率不高的痛点，融合应用重量感应、5G、智能门禁等技术定制化仓储柜，建设应急备品备件智能仓库，涵盖了检修耗材、开关类设备、变压器类设备以及继电保护装置插件等常见缺陷备品备件，实现24h无人化领取、智能化入库、自动化分析，在节假日期间和工作日8h外，显著提高物料领取效率，有效提升应急消缺响应速度。

梳理分析传统变压器有载分接开关吊芯大修作业各环节痛点，研制设计具备有载开关油室及芯体清洗、拆检、抽注油、站内移动等功能的变压器有载开关大修专用平台，实现了提高工作效率、缩短作业时长的目的。

（2）加快技术升级，助力设备管理转型。积极布局主进开关柜触头温度、避雷器阻性电流、变压器油色谱、GIS局部放电在线监测新技术，有序改造应用变电站一键顺控技术，不断提升设备感知能力和数字化水平，促进核心业务高质量发展。

积极试用SF_6/N_2混合气体组合电器、环保真空断路器、110kV车载式移动变电站，配置应急照明灯塔、检修方舱、曲臂式高空作业平台，配足配齐运检装备，夯实核心业务装备基础。

下一步，某供电公司将继续秉持以人为本、问题导向策略，传承发展、担当作为，夯实业务自主实施基础，深挖创新创效潜力，利用新技术、新装备，积极探索生产队伍建设的新思路、新模式，以生产队伍全业务核心能力的不断提升，迎接更大考验、更大锤炼，持续夯实电力保供稳定局面。

三、变电运维专业两制两军事及核心班组建设典型案例

【案例3-3】国网某供电公司变电运维班以核心业务能力回归为指引，聚焦主责主业，围绕班组业务能力提升和高素质技能人才培养，不断夯实核心业务基础，积极推动设备主人履职能力和设备运维水平双提升。

1. 理论联系实际，加速成长成才聚合

针对新入职员工理论基础扎实、现场经验匮乏的情况，班组创新培训方式，推行"理论辅导＋现场实践＋要点总结"三合一培训方式，将运维现场化为"运维课堂"，通过"随车课堂""现场师带徒""课后总结"等活动，带动青年员工全面参与运维全业务流程，切实打通班组人员技能提升之路。

为夯实青年员工技能基础，国网某供电公司变电运维班以核心业务清单为指导，制定差异化培训方案。从现场实际出发，以设备原理、结构、操作、故障分析、事故处理等方面为切入点，每周开展"我是小老师"专题培训，内容多样、层次丰富，确保每位员工既能学得会，又能讲得来。

2. 聚焦重点工程，锻造运维"全科医生"

220kV 某变电站投运是国网某供电公司变电运维班年度重点任务，班组以此为契机，将生产现场当作"练兵场"，抽调技术骨干和新入职员工组建青年突击队，全过程参与设备安装、调试和生产准备等阶段的技术监督和现场验收，发现和闭环整改主变构架端撑设计不合理、220kV 组合电器套管支架裂纹、220kV 组合电器动作特性超标等问题多项。

在变电站启动送电阶段，班组严格落实"五级五控"要求，抓细抓实倒闸操作全过程管理，以"四图""两表""一卡"为依托，确保操作风险管控到位。实行操作票三级审核、操作双监护和操作过程评价机制，并应用一键顺控操作方式，确保了倒闸操作任务的安全顺利执行。

3. 智能牵手巡检，推动质量效率共赢

班组大力推动核心业务与数字手段深度融合，深化推进远程智能巡检应用。通过对变电站高清视频巡检系统升级改造，实现对变压器、断路器、隔离开关等一次设备及安防设施的定时、定点、定位自动巡视和数据采集分析，达到了全方位、全天候的监测效果。

目前，高清视频巡检系统已全部替代人工开展变电站例行巡视，通过系统自动分析功能，及时有效发现 SF_6 表计压力低、油位偏低等缺陷多项，大大提升了设备运维工作质效，为设备安全运行提供了可靠保障。

下一步，国网某供电公司变电运维班将坚决落实设备运检全业务核心班组建设工作要求，不断丰富员工培训模式，夯实核心

业务自主实施能力基础,深化智能巡检应用,为促进生产模式转型、提高班组核心竞争力打牢基础。

【案例3-4】为高质量推进变电运维全业务核心班组建设,国网某供电公司严格落实国网公司建设指导意见,多措并举打造一支"作业自主、安全可控、技能过硬、创新高效"的变电运维(监控)全业务职业化队伍,保障电网设备安全稳定运行。

某公司在国网112项变电运维全业务基础上,在某运维班试点推行国网119项设备主人运维一体化业务和福建公司15项运维拓展业务,探索建设涵盖一次、二次、试验、运维、监控专业的全科班组,承接110kV及以下单一间隔例检和消缺业务,拓展班组自主实施广度。

1. **多措并举,提升专业技能水平**

某公司推行跟班学习、基建验收、轮岗期满考核三段式培育,以新(改、扩)建工程验收、C/D类检修作业现场为实训场所,运维班组自主开展C类例检16项、D类消缺87项、带电检测3100余次。以干代练,让员工在作业中学习,在学习中成长。

2. **全科班组建设,提升设备主人综合能力**

变电中心积极推动'请教上门',加快班组岗位能力认证,95名运维人员和19名监控人员提前完成监控运维双岗位能力认证,超额完成年度既定目标,充分利用技能竞赛和比武契机,加速员工技能提升。

3. 加大绩效激励，提升员工的获得感

某公司遵循"正向激励、多劳多得"原则，制定一系列的专项奖励方案，激发运维、监控专业学习新动力。

4. 优化成长通道，提升员工的积极性

公司将全业务岗位能力纳入青年员工优秀专家人才评选的条件，并在年度考核、评先评优等方面向全业务建设完成质量较高的班组倾斜，鼓励了员工自主开展业务的积极性。近年，某公司将全业务核心班组员工业务自主实施积分应用到岗位晋升、竞聘、省市青优人才评选中，使变电中心青年员工多人通过内部竞聘实现岗位晋升。

下一步，公司将注重实际实效，持续推进全业务核心班组建设，加大"全科班组"建设力度，立标杆、树典范、争先进，以实际行动助力公司高质量发展。

四、变电二次运检专业两制两军事及核心班组建设典型案例

【案例 3-5】为贯彻落实国网、省公司全业务核心班组建设要求，国网某供电公司变电二次检修班秉承"核心业务牢牢在手"班组文化，扛起该电网变电站二次设备的检修重任。通过抓好班组的"一早一晚""学做结合""以创提效"各项工作，全力打造一支"老专家新骨干、有传承能超越"的人才队伍，确保关键时刻顶得上、打得赢。

1. "一早一晚"小班组释放大活力

（1）"上早课""对症下药"提升业务技能。自开展全业务核心班组建设以来，变电二次检修班结合自身专业特点，由班组长、技术骨干轮流担任老师，结合班组日常工作中的安全短板、技术弱项、理论欠缺等问题，针对性地"上早课、开小灶"，全面提升班组核心业务自主实施能力。

（2）"办夜校""温故知新"提升综合素质。变电二次检修班在每次大型检修、事故抢修工作后，都会开办"青工夜校"，通过中心管理人员讲制度落实情况、技术骨干讲风险管控经验、青年员工讲现场检修感悟，全面、系统地开展工作总结。以"三讲"课堂为载体，不断深化"导师带徒"传承机制，推动员工一、二次专业知识系统性融合，提升员工综合素质。

2. "学做结合"小班组展现大作为

（1）"主动学"宽口径培养复合型人才。近年来某公司智能变电站数量持续快速增长，对班组业务能力提出更高要求。变电二次检修班化"被动"为"主动"，积极引导青年员工全面深入学习保护、自动化、直流三个专业，利用大型综合检修、新站调试验收等工作开展实战练兵，宽口径复合型人才培育成效初显。

要求在新变电站投运之前青年骨干提前介入，向专家请教保护原理、同厂家学习远动配置、与师傅探讨直流回路，借助新站验收机会"以验代练"，系统学习二次专业理论知识，全过程积累现场调试经验。

（2）"自己干"全方位提升班组硬实力。班组自主开展小电流接地选线安装调试工程。施工期间，青年员工有的在前辈师傅指导下制作二次电缆接头、电缆弯管，有的在设备厂家远程协助下完成自动化程序配置。自开展全业务核心班组建设以来，变电二次检修班自主实施技改大修项目10余项，青年员工主动学习，补短板、强弱项，消除了'等、靠'思想，现场工作底气更足、效率更高。

3."以创提效"小班组赢得大荣誉

（1）勇于创新，多项成果斩获佳绩。班组针对智能变电站传统保护校验工作效率低、安全风险大等问题，多项科技成果获国家发明专利授权，并发表多篇相关科技论文。

（2）善于管理，人员挖潜提质增效。除了在业务上开拓创新，提高现场作业效率之外，变电二次检修班还在管理机制上探索实践。为营造"比、学、赶、超"工作氛围，班组建立"技能＋业绩＋薪酬"绩效激励体系，从"质"与"量"两个角度精准衡量员工技能水平、工作量和专项业绩贡献，创新编制实施《班组绩效考核细则》，确保绩效评价"看得见、算得清、比得明"，班组成员实现由"分摊干"到"抢着干"的生动转变。

下阶段，国网某电公司变电二次检修班将持续聚焦主业主责，积极落实现代设备管理体系对变电二次运检专业的新要求，充分激发员工队伍活力，全面打造"作业自主、安全可控、技能过硬、创新高效"的设备运检全业务核心班组，筑牢电网设备运检基石。

五、配电运检专业两制两军事及核心班组建设典型案例

【案例3-6】某年迎峰度夏期间,面对历史最长持续时间、高强用电负荷局面,国网某供电公司配网不停电作业专业秉承"能带不停"理念,凝聚最强攻坚力量,战高温、斗酷暑、保供电,统筹推进电力保供,用心用情答好迎峰度夏关键题。以带电二班为代表的全业务核心班组,主动迎接专业技能挑战,以最强战力应对度夏考验,全力确保市民清凉度夏。

1. "党建+业务",构建同频共振新格局

构筑坚强战斗堡垒,让党旗在基层阵地高高飘扬。国网某供电公司以共产党员突击队建设为抓手,以"四个一"特色做法为依托,充分释放党建效能,在度夏保供关键期,举行"战高温斗酷暑、全力以赴保供电"誓师活动,激发党员干事创业热情,铺就"全业务核心班组"成长"快车道"。

为保障电力持续可靠供应,核心班组率先成立突击队冲锋在前、勇挑大梁,将对交通影响较大的复杂作业灵活调整至夜间开展,采用"零点检修"模式,于凌晨利用"移动环网柜车"的旁路作业检修方法完成老旧环网柜更换,及时消除设备隐患,同时对城区交通影响降至最低,保障用户用电"无忧"。核心班组人员充分发挥共产党员模范带头作用,以实际行动不断向内挖掘优质服务潜力,在公司内外营造了良好的工作氛围。

2. "培育+实干",全面激发核心战斗力

(1)坚持在"学"字上下功夫,引好"路子"。抓实技能学习,统筹安排班组技能培训,围绕绝缘杆作业法专项技术、综合不停电复杂项目、带电作业机器人应用等开展"理论+实操"学习,建立培训评价考核机制,切实提高班组核心技能"硬实力"。

(2)坚持在"练"字上下功夫,蹲好"苗子"。炎炎烈日,紧张忙碌的工作现场成为该班组核心技能的"练兵场"。各项作业任务中,党员骨干冲锋在前,老同志发挥"传帮带"作用,耐心演示不停电更换变压器等新型项目的操作方法,示范引领全体组员学习热潮,真正做到"在干中练,在练中学",实现理论、技能水平"双提升"。

3. "创新+创效",打造高速发展新引擎

聚焦创新成果发展,积极推进带电作业机器人、全地形全方位速装模块化绝缘塔平台等带电作业新技术现场应用,助力打造一流全业务核心队伍。该班组运用带电机器人圆满完成不停电断接引线作业,利用机器人视觉识别、运动控制、三维环境重建等核心"黑科技",高效开展自动识别引线位置、抓取引线、剥线等工作,大大降低了人工劳动强度,提升了带电作业安全性,全面筑牢专业技术核心竞争力。

深入开展复杂作业项目攻关,助推核心业务建设取得实效。该班组多次开展以带电立杆方式实施杆线拆除,作业人员在离地15m的高空中,佩戴密不透风的"绝缘铠甲",在接近50℃的车

斗内开展带电撤、立杆作业，在不停电的情况下顺利将工程推进，保障了该市城投基础建设工程"零影响"，周边近千户居民用电"零损失"。

下阶段，国网某供电公司将持续贯彻国家电网公司战略目标和"一体四翼"发展布局，锚定年度覆盖30%班组建设目标，建立双周推进机制，加强过程管控与督导，全力推进全业务核心班组建设，实现班组核心业务自主化、核心技能专业化、业务能力精湛化。

六、输电运检专业两制两军事及核心班组建设典型案例

【案例3-7】以国网战略目标为引领，聚焦"一体四翼"发展布局，国网某供电公司输电运检中心以核心业务技能提升为目标，结合中心人才队伍结构现状，制定输电核心业务技能'人人过关'实施方案，通过"以赛促训，以干代练，以练促学"模式提升青年员工专业技能水平，强化一线班组自主实施能力，全业务核心班组建设取得初步成效。

1. 以演练促实战，全面提升队伍自主实施能力

某公司结合"防汛抗洪"实战化演练，围绕杆塔组立自主实施能力提升，组织多名青年员工历时3h自主完成抢修塔组立，具备杆塔组立经验人员比例提升至65.6%。通过常态化开展各类应急演练，以演练促实战，锻造一支能"打硬仗、打胜仗"的全

业务自主实施队伍，极大提升公司应急保障能力。

2. 以检修促精益，实现"以干代练、以练促学"

某公司以技改大修自主实施为载体，全面开展全业务核心班组实战培训，树立"检修现场即练兵场"理念，促进专业技艺传承，确保培训取得实效。"作业开始前，要检查工器具""登塔前要核对设备双重名称无误，安全带、后备保护绳使用前必须自检"，等电位自主作业现场，老师傅仔细交代注意事项。随着业务自主实施推进与配套激励政策落实落地，老员工重新焕发新活力，"头雁"效应凸显，助力青年员工技能长足提升，中心三级及以上技能等级人员、复合型人才增加多人，涌现了一大批核心业务"自己干""干得精"、常规业务"干得了""管得住"的现场"明白人"。

3. 以智能促转型，实现数字赋能赋智

某公司深化无人机应用，以赛促训，实现全区领跑，组建无人机飞手团队，助力变电、配电专业实现飞手零突破。

2022年，输电中心根据线路区域分布，市县一体，设置无人机网格化巡检控制点，实现无人机巡检由"点""线"巡视向"面"巡视转化。截至目前，完成110kV及以上线路通道精细化巡检与三维建模，实现县域110kV线路全覆盖，发现隐患缺陷多处；完成杆塔巡检多基，发现隐患缺陷多处。无人机智能化、数字化运用创造了全新高效作业模式，为全业务核心班组建设注入"强心剂"。

【案例 3-8】国网某供电公司坚定不移落实国网公司"一体四翼"发展布局，依托中国科技城创新资源禀赋，瞄准"安全""人才""数字化"三大核心目标，着力强化作业安全管控、提升专业技术水平、构建新型运检模式，"三维"发力推进输电全业务核心班组建设，培养高素质输电技能人才队伍。

1. 安全筑基，强化作业安全管控

（1）分层压实班组安全责任。健全安全责任体系，完善安全责任清单，明确不同岗位的安全职责。坚持以班组长、工作负责人为核心，运用好《"三种人"及核心工作班成员精准激励十项举措》，提升人员履责主观能动性。

（2）持续夯实班组安全基础。开展"向违章开战"专题行动，深刻汲取事故教训，加强事故快报、反违章通报等内容学习，制作典型违章口袋书；坚持开展每周安全日活动，丰富活动形式，提升员工参与感。

（3）提升班组安全履责能力。强化现场安全基础管理，扎实做好前期现场查勘、施工方案编制；针对反违章工作，开展"两票"及施工方案专项整治，查漏补缺，进一步提升一线人员安全履职意识和能力。

2. 人才夯基，提升专业技术水平

（1）练就宽肩膀，开展针对性技术培训。借助输电夜校、输电大讲堂、输电"周讲堂"等多重形式开展专业技术培训。组织知识竞赛、岗位练兵、技术比武，以考促学、促思、促练，提升检修人员作业能力。

（2）明确风向标，培育优秀青年人才梯队。建立青年员工五年培养机制，采用"双导师"制，定制化开展青年员工培养；通过"分段培养"，分层分类推动青年骨干跨岗位锻炼；通过"领任务"行动，参与年度重点工作、创新创效等核心任务。近五年新进员工师徒合同签订率达100%。

（3）牵住牛鼻子，抓实核心业务自主实施。聚焦主业主责，以工促学、以工促练，推进核心班组在绝缘子串、金具更换，在线监测装置、避雷器安装等小型检修业务的自主实施，逐步培育组塔、放线等业务实施能力，业务自主实施比率达到88%。

3. 数字强基，构建新型运检模式

（1）全面推进无人机"规模化"应用。实现110kV及以上适航区线路无人机自主巡检全覆盖、运维人员无人机取证率已达100%，各运维班组均能自主开展无人机精细化巡视、故障巡视等工作。

（2）广泛开展"可视化"巡检。通过通道可视化系统对山火、外破、异物、树竹、地灾等隐患开展业务监控、数据处理、智能派单、智慧决策。全天候、无死角跟踪线路通道环境；190km输电线路已实现"立体巡检＋集中监控"新模式。

（3）移动终端巡检全覆盖。使用手持式线路巡检终端，编制线路巡检计划，拍摄巡视标准照，采集杆塔GPS坐标，录入缺陷信息，并对消缺情况进行验收。实现任务派发、作业执行、现场

记录等全业务线上流转及数据归集。

下一步，国网某供电公司将持续深化输电全业务核心班组建设，强基固本，以问题导向、结果导向、价值导向为指引，选强培优打造一批"一专多能"复合型技术骨干。

【案例3-9】不攀顶峰，不知山顶风景有多波澜壮美。不至高点，难以体验生命有多磅礴大气。某供电公司有这样一支队伍，他们高擎理想、执着坚守，承担着该地区35kV及以上输电线路的运维检修工作，他们以全业务核心班组建设为抓手，在酷暑严寒、大山深处撸起袖子自己干，用实际行动践行守护光明的承诺。

1. "双制"强化安全责任落实

为贯彻落实全业务核心班组建设和安全生产"两手抓、两手硬"的要求，国网某电公司推行"双制"管理，为自主实施安全、质量管控保驾护航。

春检期间，国网某供电公司输电中心自主实施技改大修项目，均采用"项目负责制"管理，成立自主实施柔性团队，实施全过程管控。同时，在验收阶段严格落实"设备主人制"，开展项目质量控制，实现线路的"零缺陷"投运，员工核心业务能力和现场安全管控能力得到双提升。

2. 实训计划助力核心技能培训

国网某供电公司结合"培训计划"，积极开展高空作业培训，使其焕发新的活力，助力高空作业核心业务技能培训，为进一步提升员工核心技能打好硬件基础。

3. 数字化转型赋能班组建设

迎峰度夏关键时期，随着无人机巡检人员点击鼠标的那一刻，现场垂直起降固定翼无人机立即起飞，固定翼无人机巡检实现"零"的突破。

"固定翼无人机具有飞行速度快、续航时间长、巡视半径大等优势，能及时发现线路周边超高树木、工地施工、突发山火、流动大型机械施工等安全隐患，对于日常线路巡视尤为重要。"输电中心主任说。

国网某供电公司加快推进无人机自主巡检规模化应用，110kV 及以上线路无人机飞巡年覆盖率超 70%。引入 RTK 无人机自主巡检技术，实现 560km 线路区段无人机自主巡检作业、数据自动回传。全省率先应用无人机激光雷达建模及 VR 全实景展示技术，为现场勘查和应急处置提供有力支撑。

【案例 3-10】今年以来，国网某供电公司输电运检中心积极响应公司"岗位技能大练兵，专业亮剑促发展"行动号召，紧紧围绕"业务能力提升"和"高素质技能人才队伍建设"两个目标，以全业务核心班组建设为抓手，立足员工业务技能现状，聚焦六项核心技能，按照"战训结合，以战为主，多专多能，进阶发展"的工作思路，打造"四个一"练兵模式，致力培育"作业自主、安全可控、技能过硬、创新高效"的"六边形"战士。

1. 绘制一幅"全景化"拼图，全力保障"岗位练兵"实效

定制"一员一图一档"。以 6 大项、36 小项核心业务能力为基本能力坐标轴，结合日常工作，为员工制定六边形技能雷达图，编制员工技能成长档案，以班组为单位开展跟踪式培育，确保"岗位练兵"取得实效。针对核心能力和子能力，结合年度考核开展年度评价，实现"岗位练兵"目标计划、过程管控、结果考核层层保障。

2. 构建一个"开放式"知识库，不断提升理论知识素养

以"青年小课堂""岗位大讲堂"活动为载体，组织理论学习，邀请业务专家、青年骨干为员工讲解线路运维、自主检修、带电作业、组塔架线等 6 大项核心业务知识，不断提升专业理论知识水平。基于 6 大项核心业务，分类建立专业学习资源库，持续整合日常学习课件和视频，构建一个"开放式"知识库，帮助员工常态化学习充电。

3. 制定一场"点餐式"培训，着力夯实核心业务基本功

聚焦"带电作业"战场。该公司在 50m 高空，首次自主完成"跨二短三"带电消缺作业，持续巩固带电作业能力。

聚焦"组塔架线"战场。输电运检中心以技改大修自主实施、基建工程验收为契机，启动组塔架线实战练兵，主动承接杆塔组立工作，通过实干实践补强组塔架线自主实施能力，进一步培养"拉得出、顶得上、干得了"的技能人才队伍。

聚焦"数智应用"战场。输电运检中心创新采用"无人机＋抛投挂钩及电动升降装置"作业法，成功完成地线断股缺陷带电

修补作业,实现了带电作业工法和无人机应用场景新突破。

  下一步,国网某供电公司输电运检中心将持续聚焦核心业务技能提升,加大重点工程、重大项目参与力度,有序扩大项目自主实施比例,以战为练,苦干实干,不断提升专业自主实施能力。

第四章 电网企业班组安全生产典型违章

违章是指在电力生产活动过程中，违反国家和行业安全生产法律法规、规程标准，违反单位安全生产规章制度、反事故措施、安全管理要求等，可能对人身、电网和设备构成危害并诱发事故的人的不安全行为、物的不安全状态和环境的不安全因素。反违章工作指在预防、查纠、治理、惩处违章等过程中，公司及所属各单位在制度建设、培训教育、专业管理、监督检查、评价考核等方面开展的工作。公司反违章工作坚持"人民至上、生命至上"，树牢"违章就是隐患、违章就是事故"理念，坚持"查防结合、以防为主、实事求是、严为基调"的基本原则，发挥安全保证、安全监督、安全保障体系的协同作用，实行全员反违章，强化专业反违章，深化监督反违章，分级精准防控，坚决防范违章导致的事故安全风险。

　　违章按照定义分为管理性违章、行为性违章和装置性违章。按照违章性质、情节及可能造成的后果，分为严重违章和一般违章。恶性违章指违章性质恶劣，违章行为可能导致人身伤害或其他严重后果的行为。严重行为违章，是指违章行为比较严重，主观违章的意识比较，违章行为可能导致人身伤害或其他严重后果的行为。一般违章行为指恶性、严重违章以外的违章行为。在我们平时的工作中，需通过管理手段或技术手段控制和消除违章行为和状态，本章重点对电力安全生产行为违章、电力安全生产装置违章、电力安全生产管理违章进行阐述，以警示现场人员遵守现场安全制度，杜绝违章事件的发生。

第一节　电力安全生产行为违章

在平时的工作中，凡是在工程设计、施工、生产过程中，不遵守国家、行业、主管单位以及本单位颁发的各项规定、制度及反事故措施，违反保证安全的各项规定、制度、措施及正确的安全作业习惯的一切不安全行为，均属于作业性违章；凡是违反国家、行业、上级主管单位以及本单位颁发的技术规程、标准、条例和安全技术措施，进行劳动组织与指挥的行为，均属于指挥性违章。在生产现场发生的作业性违章和指挥性违章统称为行为性违章，为了预防行为违章的发生，给现场人员提出警示，本节主要收集了近几年现场发生的一些行为违章行为，供现场人员学习和培训。

一、可能产生坠落事故作业性违章行为图例

可能产生高处坠落事故的作业性违章行为主要包括：①高处作业不使用安全带或安全带未挂在牢固的构件上，焊工不使用防火安全带；②酒后登高作业；③使用未经验收合格的脚手架，沿绳索攀爬脚手架竖井架等；④在高处平台、孔洞边缘休息或倚坐栏杆；⑤擅自拆除孔洞盖板、栏杆、隔离层或拆除上属设施不明显标志并及时恢复；⑥高处作业不戴安全帽；⑦冬季高处作业无防滑、防冻措施；⑧杆塔上有人作业时，调整杆塔的拉线；⑨绳梯未挂在可靠的支持物上，使用前未认真检查；⑩使用未按定期

试验合格的登高工具等。本节将现场拍摄的一些违章照片呈现出来，目的是警示现场工作人员在今后的工作中不再犯类似的错误。

【案例 4-1】某 750kV 变电站喷涂 PRTV 工作现场。

违章现象 高处作业人员将安全带挂在隔离开关支柱绝缘子上，且安全带腿部拉带未套入。

图 4-1 安全带佩戴不正确

违章分析 上述图例违反《国家电网公司电力安全工作规程（变电部分）》第 18.1.8 条。该条例明确要求安全带的挂钩或绳子应挂在结实牢固的构件上，或专为挂安全带用的钢丝绳上，并应采用高挂低用的方式；禁止挂在移动或不牢固的物件上［如隔离开关（刀闸）支持绝缘子、CVT 绝缘子母线支柱绝缘子、避雷器支柱绝缘子等］。该图例违章行为一是安全带未挂在结实牢固的构件上，挂在隔离开关支柱绝缘子上，一旦支柱绝缘子断裂，人员会高空坠落；二是安全带佩戴不正确，安全带腿部拉带未套入腿部。

【案例 4-2】某 220kV 输电新建线路工作现场。

违章现象 高空作业人员未沿脚钉上下杆塔。

图 4-2　上下杆塔未沿脚钉攀爬

违章分析　上述图例违反《国家电网公司电力安全工作规程（电网建设部分）》第 4.1.16 条。该条例明确要求高处作业人员上下杆塔等设施应沿脚钉或爬梯攀登，禁止使用绳索或拉线上下杆塔，不得顺杆或单根构件下滑或上爬。这两个图例违章行为均为作业人员上下杆塔未沿脚钉攀爬，一旦踩空容易发生坠落事故。

【案例 4-3】 某新建变电站工作现场。

违章现象　临时搭设的便桥宽度不足 1m，两侧未设置栏杆。

图 4-3　便桥宽度不足两侧未设置栏杆

> **违章分析** 上述图例违反《国家电网公司电力安全工作规程（电网建设部分）》3.2.3 条，该条例明确要求现场道路跨越沟槽时应搭设牢固的便桥，经验收合格后方可使用。人行便桥的宽度不得小于 1m，手推车便桥的宽度不得小于 1.5m。便桥的两侧应设有可靠的栏杆，并设置安全警示标志。此图例违章行为一是人行便桥的宽度小于 1m，一旦踩空容易发生坠落事故；二是便桥的两侧无可靠的栏杆及安全警示标志，容易掉入坑内。

> **【案例 4-4】** 某 220kV 变电站 3 号主变压器一次设备消缺，引流制作安装，110kV 架空线制作安装现场。

> **违章现象** 载人吊篮使用不规范，移动时倾斜度过大。

图 4-4 吊车工作时倾斜角度过大

> **违章分析** 上述图例违反《国家电网有限公司电力建设安全工作规程 第 1 部分：变电》第 8.2.28 条，该条例明确要求利用吊车作为支撑点的高处作业平台应参照 GB/T 9465 和 GB 19155 的规定使用、试验、维护与保养。此图例违章行为是吊车工作时倾斜角度过大，容易造成坠落事故。

【案例 4-5】某 220kV 变电站消防水泵房施工现场。

违章现象　吊车在使用过程中熄火。

图 4-5　吊车在使用过程中熄火

违章分析　上述图例违反《国家电网有限公司电力建设安全工作规程　第 1 部分：变电》第 8.1.2.8 条。该条例明确要求流动式起重机停机时，应先将重物落地，不得将重物悬在空中停机。此图例违章行为是吊车将重物起吊到空中时熄火，一旦钢丝绳脱落，容易造成坠落伤人事故。

【案例 4-6】某公司营销专业安装新增计量装置工作现场。

违章现象　工作班成员站在梯子上工作，无人扶梯。

违章分析　上述图例违反《国家电网有限公司营销现场作业安全工作规程（试行）》第 20.3.3 条。该条例明确要求使用梯子前，应先进行试登，确认可靠后方可使用。有人员在梯子上工作时，梯子应有人扶持和监护。此图例违章行为是现场使用的绝缘梯支设不牢固、固定不可靠，作业中梯子无人扶持，容易造成坠落伤人事故。

图 4-6　绝缘梯支设不牢固

【案例 4-7】某 220kV 变电站 110kV 间隔引流线制作及接入、避雷器安装现场。

违章现象　构架上施工人员安全带未使用悬挂器。

图 4-7　安全带（绳）未使用悬挂器图

违章分析　上述图例违反《国家电网公司电力安全工作规程

（电网建设部分）》第 4.1.5 条。该条例明确要求在高处作业人员应正确使用安全带，高处作业过程中，应随时检查安全带绑扎的牢靠情况。此图例违章行为是作业人员未正确使用安全带（绳），未使用悬挂器，容易造成坠落伤人事故。

【案例 4-8】某供电公司某线路 004 号杆至 004+1 安装自愈开关及附件，拆除 2 号断路器，绝缘包裹工作现场。

违章现象 高空作业人员安全绳未闭锁。

图 4-8 安全带（绳）未闭锁

违章分析 上述图例违反《电力安全工作规程线路部分》第 14.1.1 条。该条例明确要求施工机具和安全工器具应统一编号，专人保管。入库、出库、使用前应进行检查。禁止使用损坏、变形、有故障等不合格的施工机具和安全工器具。机具的各种监测仪表以及制动器、限位器、安全阀、闭锁机构等安全装置应齐全、完好。此图例违章行为是作业人员未正确使用安全带（绳），安全绳未闭锁，容易造成坠落伤人事故。

【案例 4-9】某公司某 35kV 线路杆塔组立、螺栓紧固、导线提升及平衡挂线作业现场。

违章现象　吊车起吊钢杆时，钢丝绳与铁件接触面未衬垫，存在安全隐患。

图 4-9　钢丝绳与铁件接触面未采取防滑措施

违章分析　上述图例违反《国家电网电力安全工作规程线路部分》第 11.1.7 条。该条例明确要求起吊物件应绑扎牢固，若物件有棱角或特别光滑的部位时，在棱角和光滑面与绳索（吊带）接触处应加以包垫。此图例违章行为是作业人员起吊时，钢丝绳与铁件绑扎处未衬垫软物或采取防滑措施，容易造成坠落伤人事故。

【案例 4-10】某公司 110kV 变电站 110kV Ⅰ母母线大修及试验，完善数字化远传表计功能；二次回路检查，精益化完善。

违章现象 现场工作人员在高处作业中上下工作平台未使用梯子。

图 4-10　高处作业上下工作平台未使用梯子

违章分析 上述图例违反《国家电网公司电力安全工作规程（变电部分）》第 8.4.4.1 条。该条例梯子要求：在变电站高压设备区或高压室内应使用绝缘材料的梯子，不得使用金属梯子。搬动梯子时，应放倒且两人搬运，并与带电部分保持安全距离。此图例违章行为是现场工作人员在高处作业中上下工作平台未使用梯子，容易造成坠落伤人事故。

二、可能造成物体打击与机械伤害事故的作业性违章行为图例

可能造成物体打击与机械伤害事故的作业性违章行为主要包括：①进入现场不戴安全帽或戴不合格安全帽或安全帽使用不

当；②高空作业人员不用绳索传递工具、材料、随手上下抛掷东西或高空作业的工器具无防坠落措施；③高处作业时，施工材料、工器具等放在临空面或孔洞附近；④未正确着装，在现场穿高跟鞋、凉鞋、裤头、背心、裙子等，女同志未将辫子或齐肩发盘在工作帽内；⑤没有使用或不正确使用劳动防护用品，如使用砂轮、车床不戴护目眼睛，使用钻床、打大锤时戴手套等；⑥使用不合格的吊装用具（机具、器具、索具）等。本节将现场拍摄的一些违章照片呈现出来，目的是警示现场工作人员在今后的工作中不再犯类似的错误。

【案例 4-11】某公司输电线路改造现场。

违章现象 现场作业人员高空抛物。

图 4-11 高处作业工具及材料上下投掷

违章分析 上述图例违反《国家电网公司电力安全工作规程（变电部分）》第 18.1.13 条。该条例明确要求禁止将工具及材料上下投掷，应用绳索拴牢传递，以免打伤下方作业人员或击毁脚手架。上述两个图例违章行为均为将工具及材料上下投掷，会打伤下方作业人员或击毁脚手架。

第四章 电网企业班组安全生产典型违章

【案例 4-12】某 220kV 变电站停车场旁生活用水水管维修消缺。

违章现象 挖掘机作业时,在同一基坑内有人员同时作业;堆土应距坑边 1m 以外,高度不超过 1.5m。

图 4-12 挖掘机作业不规范

违章分析 上述图例违反《国家电网有限公司电力建设安全工作规程 第 1 部分:变电》第 10.1.1.7 条、第 10.1.5.4 条。第 10.1.1.7 条明确要求堆土应距坑边 1m 以外,高度不超过 1.5m;第 10.1.5.4 条明确要求挖掘机作业时,在同一基坑内不应有人员同时作业。上述图例违章行为一是挖掘机作业时,未将基坑内人员清退,容易碰伤基坑内作业人员;二是堆在基坑变的堆土在距坑边 1m 以内，高度超过 1.5m，容易塌陷砸伤坑内人员。

【案例 4-13】某 110kV 变电站故障指示器安装现场。

违章现象　工作人员在保护室工作未佩戴安全帽。

图 4-13　现场工作未佩戴安全帽

违章分析　上述图例违反《国家电网公司电力安全工作规程（变电部分）》第 4.3.4 条。该条例明确要求进入作业现场应正确佩戴安全帽，现场作业人员应穿长袖格子服、绝缘鞋。上述图例违章行为是工作人员在现场工作未佩戴安全帽。

【案例 4-14】某 220kV 变电站 10kV 及 35kV 负荷转供车移出，一二次电缆、设备回收，清理现场。

违章现象　施工人员从起吊的负荷转供车下穿过、起吊电缆盘时，吊车吊臂下站人。

第四章　电网企业班组安全生产典型违章

图 4-14　吊车工作时吊臂下站人或从吊车下通过

违章分析　上述图例违反《国家电网公司电力安全工作规程（变电部分）》第 7.3.21 条。该条例明确要求吊件和起重臂活动范围内的下方不得有人通行或停留。上述图例违章行为一是施工人员从起吊的负荷转供车下穿过；二是起吊电缆盘时，吊车吊臂下站着施工人员，容易发生坠落伤人事故。

【案例 4-15】某 10kV 线路 007 号杆安装断路器工作。

违章现象　施工现场工作人员将断线钳放置在抱箍上。

图 4-15　高空作业工具随意放置未使用工具袋

违章分析　上述图例违反《国家电网公司电力安全工作规程（配电部分）》第 17.1.5 条。该条例明确要求高处作业应使用工具袋。上下传递材料、工器具应使用绳索，较大的工具应用绳拴在牢固的构件上。上述图例违章行为是高处作业人员未使用工具袋就携带器材登杆。

【案例 4-16】某 10kV 线路公路段分支 002 号杆更换跌落式熔断器及引流线工作。

违章现象

（1）绝缘斗臂车作业支腿在松软土地上未使用枕木。

（2）绝缘斗臂车作业支腿伸展未到位。

违章分析　上述图例违反《国家电网公司电力安全工作规程（配电部分）》第 9.7.5 条。该条例明确要求绝缘斗臂车应选择适当的工作位置，支撑应稳固可靠；机身倾斜度不得超过制造厂的规定，必要时应有防倾覆的措施。上述图例违章行为是高空作业时，作业人员未正确使用绝缘斗臂车，容易发生机械伤害事故。

图4-16　高空作业时绝缘斗臂车使用不规范

三、可能发生触电事故的作业性行为违章图例

可能发生触电事故的作业性违章行为主要包括：①电气倒闸操作，不填写操作票或不执行监护制度；②倒闸操作不核对设备名称、编号、位置、状态；③防误闭锁装置解锁钥匙未按规定保管使用；④使用不合格的绝缘工具和电气工具；⑤装设接地线前不验电，装设的接地线不符合《安规》要求；⑥设备检修，不办理工作票或不执行工作监护制度，工作人员擅自扩大工作范围；⑦工作负责人（监护人）参加检修工作，不进行监护或离开检修现场不指定代理人；⑧跨越安全围栏或超越安全警戒线；⑨使用电动工具金属外壳不接地；⑩设备检修完毕，未办理工作票终结手续就恢复设备运行；⑪在带电设备附近进行起吊作业，安全距离不够或无监护；⑫安全措施不全等。本节将现场拍摄的一些违章照片呈现出来，

目的是警示现场工作人员在今后的工作中不再犯类似的错误。

【案例 4-17】某公司输电线路大修工作现场。

违章现象　现场工作人员拆除接地线时未戴绝缘手套。

图 4-17　装、拆接地线未戴绝缘手套

违章分析　上述图例违反《国家电网公司电力安全工作规程（变电部分）》第 7.4.9 条。该条例明确要求装、拆接地线导体端均应使用绝缘棒和戴绝缘手套。上述图例违章行为是操作人员拆除接地线时，未戴绝缘手套，容易造成人身触电事故。

【案例 4-18】某变电站设备改造现场。

违章现象　过路施工电源线防护措施不完善。

违章分析　上述图例违反《国家电网公司电力安全工作规程（变电部分）》第 16.4.2.6 条。该条例明确要求电气工具和用具的电线不准接触热体，不要放在湿地上，并避免载重车辆和重物压在电线上。上述图例违章行为是过路施工电源线未作防护措施，一旦绝缘破裂电源线裸露，容易造成人身触电事故。

图 4-18　过路施工电源线未作防护措施

【案例 4-19】某配电专业环网柜改造现场。

违章现象　改造现场工作已完成，人员已撤离，环网柜钥匙遗留在现场。

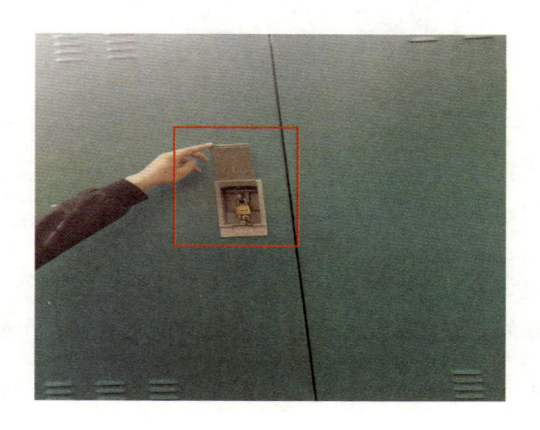

图 4-19　环网柜钥匙遗留在现场

> 违章分析 上述图例违反《国家电网公司电力安全工作规程（配电部分）》第 5.1.12 条。该条例明确要求配电站、开闭所、箱式变电站等的钥匙巡视或工作结束后立即交还。上述图例违章行为说明工作人员工作结束后未锁门就离开现场，一旦让多事之人打开柜门，容易造成人身触电事故。

【案例 4-20】某公司配电专业倒闸操作现场。

> 违章现象 工作人员在环网柜送电操作中，合断路器时未佩戴绝缘手套。

图 4-20 倒闸操作未戴绝缘手套

> 违章分析 上述图例违反《国家电网公司电力安全工作规程（配电部分）》第 5.2.6.10 条。该条例明确要求操作机械传动的断路器（开关）或隔离开关（刀闸）时，应戴绝缘手套。上述图例违章行为是操作人员倒闸操作时未戴绝缘手套，一旦误操作失去一层保护，容易造成人身触电事故。

【案例 4-21】某变电站扩建现场。

违章现象 升降作业平台使用缠绕方式接地，接地方式不规范。

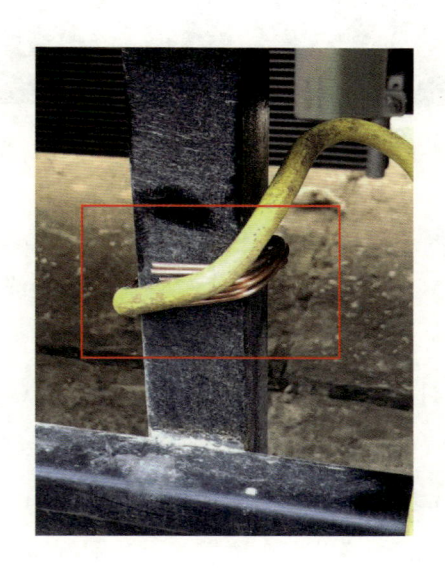

图 4-21 接地方式不规范

违章分析 上述图例违反《国家电网公司电力安全工作规程（变电部分）》第 7.4.10 条。该条例明确要求接地线应使用专用的线夹固定在导体上，禁止用缠绕的方法进行接地或短路。上述图例违章行为是操作人员接地方式不规范，未使用专用的线夹固定在导体上，易造成接地线虚接、滑落，发生感应电触电等事故。

【案例 4-22】某公司输电线路大修现场。

违章现象 绝缘斗臂车伸缩臂与导线摩擦。

109

图 4-22　绝缘斗臂车伸缩臂与导线摩擦

违章分析　上述图例违反《国家电网公司电力安全工作规程（配电部分）》第 9.7.7 条。该条例明确要求绝缘斗臂车的金属部分在仰起、回转运动中，与带电体间的安全距离不得小于 0.9m（10kV）。并且《10kV 配网不停电作业规范》C.1.5.5.2 条，如需使用绝缘斗臂车配合作业，应落实相关的安全措施和安全注意事项；C.6.5.6.3 条，在操作绝缘斗移动时，应防止与电杆、导线、周围障碍物、临近绝缘斗臂车碰擦。上述图例违章行为是绝缘斗臂车伸缩臂与导线摩擦，容易发生人身触电事故。

【案例 4-23】某公司配电专业检修现场。

违章现象　接地线只装设两相，并随意堆放，未挂警示标志。

违章分析　上述图例违反《国家电网公司电力安全工作规程（配电部分）》第 4.4.2 条。该条例明确要求当验明检修的低压配电线路、设备确已无电压后，至少应采取以下措施之一防止反送电：①所有相线和零线接地并短路；②绝缘遮蔽；③在断开点加锁，并悬挂"禁止合闸，有人工作！"或"禁止合闸，线路有人工作！"

的标示牌。上述图例违章行为一是未悬挂警示标志，二是只有两相接地，一相未接地，接地线缠绕在一起，随意堆放，一旦反送电，如果有人去整理接地线或在柜内干其他工作，容易发生触电事故。

图 4-23　接地线装设不规范

【案例 4-24】某 110kV 变电站 1、2 号主变压器 35kV 消弧线圈调试工作现场。

违章现象　工作人员翻越现场安全围栏。

违章分析　上述图例违反《国家电网公司电力安全工作规程（变电部分）》第 7.5.5 条。该条例明确要求在室外高压设备上工作，应在工作地点四周装设围栏。禁止越过围栏。上述图例违章行为是工作人员在工作现场随意翻越现场安全围栏。

图 4-24　工作现场随意翻越现场安全围栏

【案例 4-25】某 10kV 线路宣德巷 2 号环网柜 902 间隔停电工作现场。

违章现象　527× 线 × 巷 2 号环网柜 902 间隔由冷备用转检修操作，操作票中没有填写 902-3 隔离开关在"分"项，属漏项操作。

图 4-25　操作票填写不规范

违章分析 上述图例违反《国家电网有限公司电力安全工作规程（配电部分）》第 5.2.5.6 条。该条例明确要求下列项目应填入操作票内：①拉合设备［断路器（开关）、隔离开关（刀闸）、跌落式熔断器、接地刀闸等］。上述图例违章行为一是是操作票填写不合格，二是监护人审核不严。②倒闸操作不规范，擅自更改操作票顺序、内容，或跳项、漏项、添项、错项操作等，容易发生误操作事故。

【案例 4-26】 某 110kV 线路民乐一、二社配电变压器 0.4kV 线路 002 号杆，004 号杆，009 号杆进行安装新增计量装置作业现场。

违章现象 （1）现场勘查记录无附图说明；

（2）现场安全措施与工作票上实际安全措施不相符：计量负荷侧开关把手上未悬挂"禁止合闸，有人工作"标示牌；计量开关侧开关把手上未悬挂"禁止合闸，有人工作"标示牌。

图 4-26 现场勘查记录及现场安全措施不符合要求

违章分析 上述图例违反《国家电网有限公司营销现场作业安全工作规程（试行）》第 7.5.1 条。该条例明确要求在一经合闸即可送电到工作地点的断路器（开关）和隔离开关（刀闸）的操作处或机构箱门锁把手上级熔断器操作处，应悬挂"禁止合闸，有人工作！"标示牌。上述图例违章行为一是现场不符合安全生产管理规定；二是现场勘查记录不规范。

【案例 4-27】某 10kV 线路线 039 号杆线路绝缘包裹，带电接入分支引流线作业现场。

违章现象 带电作业过程中引流线未绑扎固定，存在引线摆动触碰带电线路造成检修人员触电的风险。

图 4-27 带电作业过程中引流线未绑扎固定

违章分析 上述图例违反《国家电网有限公司电力安全工作规程（配电部分）》9.3.4 条，该条例明确要求带电断、接空载线路所接引线长度应适当，与周围接地构件、不同相带电体应有足够安全距离，连接应牢固可靠。断、接时应有防止引线摆动的措施。

上述图例违章行为带电作业过程中引流线未绑扎固定,存在引线摆动触碰带电线路造成检修人员触电的风险。

四、防火、防爆、防毒的作业性行为违章图例

可能防火、防爆、防毒事故的作业性违章行为主要包括:①未接受爆破培训的人员从事爆破工作;②在易爆、易燃区携带火种、吸烟、动用明火及穿带铁钉的鞋;③动火作业不办理动火工作票,氢油管道动火时不按规定装接地线;④进入 SF_6 开关室前,未进行充分的通风;⑤未采取措施即对盛过油的容器施焊;⑥消防器材挪作他用,不定期检查试验等。本节将现场拍摄的一些违章照片呈现出来,目的是警示现场工作人员在今后的工作中不再犯类似的错误。

【案例 4-28】某公司配电作业工作现场。

违章现象　现场作业区域及电气焊作业动火区域未布设灭火器材。

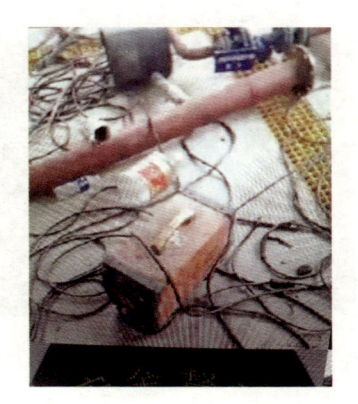

图 4-28　动火工作未配置消防器材

> **违章分析** 上述图例违反《国家电网公司电力安全工作规程（配电部分）》第15.1.3条。该条例明确要求在重点防火部位、存放易燃易爆物品的场所附近及易燃物品的容器上焊接、切割时，应严格执行动火工作的规定，填用动火工作票，备有必要的消防器材。上述图例违章行为是在设备区工作，虽然办理了动火工作票，但是未配置消防器材，一旦发生着火，将无法管控。

> **【案例4-29】** 某35kV线路新建3号铁塔组立、螺栓紧固、平衡挂线、附件安装、备份线夹安装、引流制作、绝缘护套安装工作现场。

> **违章现象** 汽车装运氧气瓶与施工器具混放，未横向卧放垫牢气瓶头部

图4-29 汽车运输氧气瓶与施工器具混放，未横向卧放并垫牢气瓶头部

第四章　电网企业班组安全生产典型违章

违章分析　上述图例违反《国家电网公司电力安全工作规程（电网建设部分）》第 4.6.4.1.3 条。该条例明确要求汽车运输前应拧紧瓶帽；汽车装运时，氧气瓶应横向卧放，头部朝向一侧，并应垫牢，装载高度不得超过车厢高度；乙炔瓶应直立排放，车厢高度不得低于瓶高的 2/3。上述图例违章行为是汽车运输氧气瓶与施工器具混放，未横向卧放并垫牢气瓶头部，容易造成氧气瓶漏气事故。

【案例 4-30】 某 10kV 线路永胜路 1 号环网柜 914 间隔某公司电源接入工作现场。

违章现象　有害气体检测记录检测人检测时间没有填写、未履行签字确认手续；工作结束后，接入间隔电缆孔洞未做封堵、柜内垃圾未清理。

图 4-30　检测记录不规范、电缆孔洞未封堵、垃圾未清理

>**违章分析** 上述图例违反《国家电网有限公司有限空间作业安全工作规定（试行）》第 20 条：有限空间作业应当严格遵守"先通风、再检测、后作业"的原则。检测指标包括氧浓度、易燃易爆物质（可燃性气体、爆炸性粉尘）浓度、有毒有害气体浓度。检测应当符合相关国家标准或者行业标准的规定，并做好记录。未经通风和检测合格，任何人员不得进入有限空间作业。检测的时间不得早于作业开始前 30min。

违反《国家电网公司电力安全工作规程（配电部分）》第 12.2.14 条：电缆施工作业完成后应封堵穿越过的孔洞。上述图例违章行为一是进入有限空间作业进行通风和检测后，检测人检测时间没有填写、未履行签字确认手续，二是工作结束后，接入间隔电缆孔洞未做封堵、柜内垃圾未清理。如果没有通风即进入室内工作，容易发生中毒事件，另外孔洞未封堵，一旦小动物进入，会发生设备跳闸。

五、不按规定使用个人劳动安全防护用品作业性行为违章图例

不按规定使用个人劳动安全防护用品的作业性违章行为主要包括：①低压带电作业未戴护目眼睛；②清扫二次设备时未戴线手套；③倒闸操作未戴绝缘手套；④使用未经试验的劳动安全防护用品等。本节将现场拍摄的一些违章照片呈现出来，目的是警示现场工作人员在今后的工作中不再犯类似的错误。

【案例 4-31】某 220kV 变电站 3 号主变压器 35kV 母线桥制作安装工作现场。

违章现象 作业人员使用砂轮机作业时，戴手套、未戴护目眼镜。

图 4-31 作业人员使用砂轮机作业时未戴护目眼镜

违章分析 上述图例违反《国家电网有限公司电力建设安全工作规程 第 1 部分：变电》第 8.3.9.3 条、8.3.9.4 条。该条例明确要求使用者要戴防护镜，站在侧面操作，不得正对砂轮；使用砂轮机时，不得戴手套。上述图例违章行为是作业人员在使用砂轮机工作时，戴线手套，未戴护目眼镜，工作时，容易伤害眼睛和双手。

【案例 4-32】某 110kV 线路农七队新庄点 43 号公用变压器 0.4kV 线路 010 号杆安装三相电能表一块、电能表箱及搭接引流线工作。

违章现象 低压带电作业人员，未戴低压作业防护手套，防弧面罩未拉下。

图4-32　低压带电作业未戴低压防护手套，防弧面罩未拉下

违章分析　上述图例违反《国家电网有限公司营销现场作业安全工作规程》第10.1.1条。该条例明确要求低压电气工作时应穿绝缘鞋和全棉长袖工作服，并戴低压作业防护手套、安全帽，使用绝缘工具；低压带电作业应戴护目镜，站在干燥的绝缘物上进行，对地保持可靠绝缘。上述图例违章行为一是作业人员低压带电作业时，未戴低压作业防护手套，二是工作时防弧面罩未拉下，容易伤害眼睛和造成触电危险。

【案例4-33】某10kV线路103+5号杆带电拆除引流线现场。

违章现象　带电作业人员未戴护目镜。

违章分析　上述图例违反《国家电网公司电力安全工作规程（配电部分）》第9.3.6条。该条例明确要求带电断、接空载线路时，作业人员应戴护目镜。上述图例违章行为是进行带电拆除引流线，不按规定佩戴护目眼镜，容易伤害眼睛，造成触电危险。

第四章　电网企业班组安全生产典型违章

图 4-33　带电作业未佩戴护目眼镜

【案例 4-34】某 220kV 变电站光缆双沟道建设工作，院内和 220kV 设备区进行光缆沟道开挖建设，并敷设光缆至综合机房光/数混合配线屏。

违章现象　现场工作人员戴手套使用大锤。

图 4-34　工作现场戴手套抡大锤

违章分析　上述图例违反《国家电网公司电力安全工作规程

121

（变电部分）》第 16.4.1.2 条。该条例明确要求大锤和手锤的锤头应完整，其表面应光滑微凸，不准有歪斜、缺口、凹入及裂纹等情形。大锤及手锤的柄应用整根的硬木制成，不准用大木料劈开制作，也不能用其他材料替代，应装得十分牢固，并将头部用楔栓固定。锤把上不可有油污。禁止戴手套或单手抡大锤，周围不准有人靠近。狭窄区域，使用大锤应注意周围环境，避免反击力伤人。上述图例违章行为是不符合安全生产管理规定，戴手套使用大锤，容易造成反击力伤人事故。

【案例 4-35】 某 10kV 柱上变压器 TTU 调试工作现场。

违章现象 （1）工作人员安全帽、工作服未正确穿戴。

（2）现场监护人未履行监护职责。

图 4-35 工作人员安全帽（工作服）未正确穿戴、现场监护人未履行监护职责

违章分析 上述图例违反《国家电网有限公司营销现场作业安全工作规程（试行）》第 5.1.5 条，第 6.3.13.4 条。第 5.1.5 条

明确要求进入作业现场应正确佩戴安全帽（实验室计量工作除外），现场作业人员还应穿全棉长袖工作服、绝缘鞋。第 6.3.13.4 条明确要求专责监护人（3）监督被监护人员遵守本规程和执行现场安全措施，及时纠正被监护人员的不安全行为。上述图例违章行为一是工作人员安全帽、工作服未正确穿戴。二是现场监护人未履行监护职责。

第二节　电力安全生产装置违章

在平时的工作中，凡是在工作现场的环境、设备、设施及工器具不符合国家、行业、主管单位以及本单位的有关规定、反事故措施和各项安全技术措施的要求，不能保证人身和设备安全的一切不安全状态，均属于装置性违章。为了预防行为违章的发生，给现场人员提出警示，本节主要收集了近几年现场发生的一些装置性违章行为，供现场人员学习和培训。

一、防火、防毒、防爆的装置违章行为图例

防火、防毒、防爆的装置违章行为主要包括：①易燃易爆区、重点防火部位，消防器材配备不全，不符合消防规程规定要求，且无警示标志；②易燃易爆物品仓库质检的距离不满足防火规程的要求，无避雷设施；③现场无畅通的消防通道；④消防水压力不够，未按规定设置消防水管及配置消防水带等。本节将现场拍摄的一些违章照片呈现出来，目的是警示现场工作人员在今后的

工作中不再犯类似的错误。

【案例 4-36】某公司 35kV 变电站消防器材配置情况

违章现象 灭火器未置于灭火器箱内，无操作说明。

图 4-36　室外消防器材无防护措施

违章分析 上述图例违反《国家电网有限公司消防安全监督检查工作规范》表 A.2-19.3 手提式灭火器应放置在灭火器箱内的规定。该条例明确要求：①消防器材使用标准的架、箱，应有防雨、防晒措施。②灭火器设置在室外时，应有相应的保护措施，并在灭火器的明显位置张贴灭火器编号标牌及使用方法。上述图例违章行为是生产和施工场所消防器材的配备、使用、维护等不符合规定。

【案例 4-37】某 220kV 变电站 110kV Ⅰ 母补气，检漏。

违章现象 现场使用的 SF_6 气瓶无防振圈。

图 4-37　现场使用的 SF_6 气瓶无防振圈

违章分析　上述图例违反《国家电网公司电力安全工作规程（电网建设部分）变电》第 11.3.4 条。该条例明确要求 SF_6 气瓶的安全帽、防振圈应齐全，安全帽应拧紧。上述图例违章行为是不符合安全生产管理规定，不加装防震圈的 SF_6 气瓶，容易发生漏气现象。

【案例 4-38】某 10kV 线路凤凰街 11 号环网柜至凤凰街 10 号环网柜电缆熔接工作。

违章现象　有限空间作业工作现场无通风检测记录。

违章分析　上述图例违反《国网某公司有限空间作业安全管理规范（试行）》第 3.2.3 条。该条例明确要求现场管控措施实施有限空间作业前，工作负责人依据专项方案、工作票（或施工作业票）向全体人员交代作业过程中可能存在的危险有害因素、安全防护和应急处置措施。上述图例违章行为是不符合安全生产管理规定，将密封的箱体打开后，未进行通风容易发生中毒事故。

图 4-38　有限空间作业现场无通风记录

【案例 4-39】某公司 110kV 变电站 110kV Ⅰ母母线大修及试验。

违章现象　施工现场的气瓶竖立放置未有防倾倒措施。

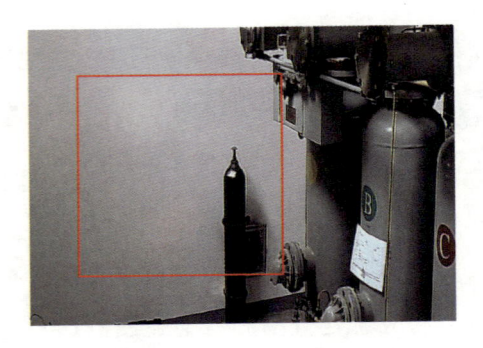

图 4-39　现场的气瓶竖立放置无防倾倒措施

第四章 电网企业班组安全生产典型违章

> **违章分析** 上述图例违反国网某电力有限公司关于印发《国网某电力有限公司安全生产违章记分管理实施意见（试行）》的通知一般违章12条：现场勘察记录、方案、"三措"、工作票主要风险点、关键信息不完善。上述图例违章行为是施工现场的气瓶竖立放置未有防倾倒措施，不符合安全生产管理规定。

二、可能产生高处坠落的装置性违章行为图例

可能产生高处坠落的装置违章行为主要包括：①使用的脚手架不合格；②设备、管道、孔洞无牢固盖板或围栏；③高处危险作业区下方未装设牢固的安全网；④梯子端部无防滑装置，人字梯无限制开度的拉绳；⑤登高工器具不合格或未定期试验；⑥深沟、深坑四周无安全警戒线，夜间无警告指示灯等。本节将现场拍摄的一些违章照片呈现出来，目的是警示现场工作人员在今后的工作中不再犯类似的错误。

> **【案例 4-40】** 某公司 110kV 输电线路检修现场。

> **违章现象** 现场使用的脚扣、安全带无试验合格标签。

图 4-40 现场的脚扣、安全带无检验标签

127

> 违章分析 上述图例违反《国家电网有限公司电力安全工器具管理规定》第 26 条。该条例明确要求安全工器具经预防性试验合格后，应由检测机构在合格的安全工器具上（不妨碍绝缘性能、使用性能且醒目的部位）牢固粘贴"合格证"标签或电子标签。上述图例违章行为是不符合安全生产管理规定，脚扣、安全带未及时进行检验，使用未经检验合格的安全带、脚扣使用容易发生坠落伤人事故。

【案例 4-41】某公司 750kV 输电线路检修现场。

> 违章现象 现场使用未经试验鉴定合格的自制吊篮载人开展高空作业。

图 4-41 使用未经检验合格的自制吊篮载人开展作业

> 违章分析 上述图例违反《国家电网有限公司电力安全工作规程（线路部分）》第 14.1.2 条。该条例明确要求自制或改装和主要部件更换或检修后的机具，应按 DL/T 875—2016《架空输电线路施工机具基本技术要求》的规定进行试验，经鉴定合格后方

可使用。上述图例违章行为是不符合安全生产管理规定，使用未经检验合格的自制吊篮载人开展高空作业容易发生坠落伤人事故。

【案例4-42】对某110kV线路001～032号通道内树木进行修剪。

违章现象 人字梯无坚固的铰链和限制开度的拉链。

图4-42 现场使用的人字梯不合格

违章分析 上述图例违反《国家电网有限公司电力安全工器具管理规定》第三条，条例明确要求登高工器具（三）梯子人字梯应具有坚固的铰链和限制开度的拉链。上述图例违章行为是对通道内树木进行修剪时，使用的人字梯无坚固的铰链和限制开度的拉链，人字梯不合格，容易造成坠落伤人。

【案例4-43】某110kV变电站通信机房基础装修、桥架安装、照明安装、线缆布放、门禁安装等。

违章现象 现场所使用人字梯，无限高标识。

图4-43 现场使用的人字梯不合格

违章分析 上述图例违反《国家电网公司电力安全工作规程（变电部分）》第18.2.2条。该条例明确要求硬质梯子的横档应嵌在支柱上，梯阶的距离不应大于40cm，并在距梯顶1m处设限高标志。上述图例违章行为是现场使用梯子无限高标识。

三、可能造成物体打击与机械伤害事故的装置性违章行为图例

可能造成物体打击与机械伤害事故的装置违章行为主要包括：①立体交叉作业无严密牢固的防护隔离设施；②高空作业、起重作业、深沟深坑拆除工程等工作现场四周无安全警戒线；③脚手架未按规定搭设；④高处作业临空面未设防护栏杆或挡脚板；⑤设备、管道、孔洞无盖板或围栏等。本节将现场拍摄的一些违章照片呈现出来，目的是警示现场工作人员在今后的工作中不再犯类似的错误。

【案例 4-44】某 750kV 输电线路安装工作现场。

违章现象　链条葫芦无防脱封口部件。

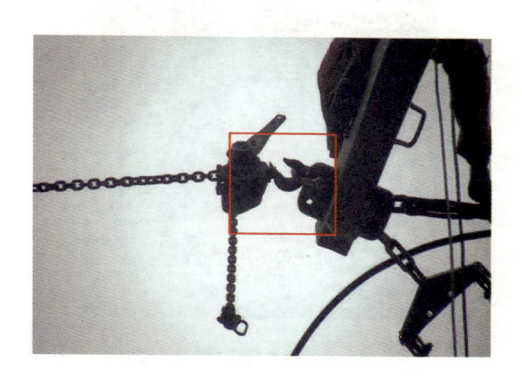

图 4-44　链条葫芦无防脱封口部件

违章分析　上述图例违反《国家电网有限公司电力建设安全工作规程　第 2 部分：线路》第 8.3.7.1 条。该条例明确要求链条葫芦使用前应检查吊钩及封口部件、链条良好，转动装置及刹车装置应可靠，转动灵活正常。上述图例违章行为是链条葫芦无防脱封口部件，起吊时容易造成伤人事故。

【案例 4-45】某 220kV 变电站 220kV 电流互感器检修现场。

违章现象　吊装带破损。

违章分析　上述图例违反《国家电网公司电力安全工作规程（变电部分）》第 17.3.4.4 条。该条例明确要求吊装带发现外部护套破损显露出内芯时，应立即停止使用。上述图例违章行为是使用外部护套破损吊装带，起吊时容易断裂造成伤人事故。

图 4-45　使用破损吊装带

【案例 4-46】某 220kV 变电站油脂性树木隐患整治工作现场。

违章现象　现场工作人员在车斗工作（2m 以上），无安全防护措施。

图 4-46　作业人员未佩戴安全带（绳）、
临空一面无安全网或防护栏杆

违章分析 上述图例违反《国家电网公司电力安全工作规程（变电部分）》第 18.1.4 条。该条例明确要求在屋顶以及其他危险的边沿进行工作，临空一面应装设安全网或防护栏杆，否则，作业人员应使用安全带。此图例违章行为一是作业人员未正确穿戴安全带（绳），未系安全带肩带、胸带、绑腿带；二是临空一面未装设安全网或防护栏杆，容易造成坠落伤人事故。

【案例 4-47】 某 220kV 线路工程机械冲、钻孔灌注桩基础作业，机械冲、钻孔灌注桩基础 10 号工作现场。

违章现象 现场吊装带表面有横向、纵向擦破或割口。

图 4-47　现场吊装带破损

违章分析 上述图例违反《国家电网公司电力建设安全工作规程（变电部分）》第 8.3.4.2 条。该条例明确要求使用合成纤维吊装带应符合下列规定：使用前应对吊装带进行检查，表面不得有横向、纵向擦破或割口、软环及末端件损坏等情况。损坏严重者应作报废处理。此图例违章行为现场吊装带表面有横向、纵向擦破或割口，容易造成坠落伤人事故。

【案例 4-48】某 220kV 线路工程角钢塔（钢管塔）施工，流动式起重机立塔（塔高 60m 及以下）149 号工作现场。

违章现象 现场使用卸扣存在横向受力情况。

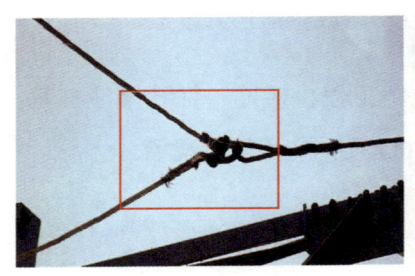

图 4-48 现场卸扣横向受力

违章分析 上述图例违反《国家电网有限公司电力建设安全工作规程 第 2 部分：线路》第 8.3.6.2 条，第 8.3.6.3 条。第 8.3.6.2 条明确要求不得横向受力。第 8.3.6.3 条明确要求销轴不得扣在能活动的绳套或索具内。此图例违章行为现场使用卸扣存在横向受力情况，容易造成坠落伤人事故。

四、可能发生触电事故的装置性违章行为图例

可能发生触电事故的装置违章行为主要包括：①高压开关室的门不能从内部打开；②电气安全工具、绝缘工具未按规定进行定期试验；③变电站构架爬梯、刀闸操作把手抱箍、低位旋转探照灯外壳没有直接接地；110kV 及以上钢筋混凝土构架上的电气

设备金属外壳没有采用专门敷设的接地线；④设备未使用双重编号；⑤电力设备拆除后，仍留有带电部分未处理；⑥线路杆塔无编号名称等。本节将现场拍摄的一些违章照片呈现出来，目的是警示现场工作人员在今后的工作中不再犯类似的错误。

【案例 4-49】某变电站项目部门卫栅栏安装现场。

违章现象

（1）工作负责人不在现场监护；

（2）工作人员未佩戴安全帽；

（3）电焊机接线绝缘破损裸露。

图 4-49　工作人员未佩戴安全帽、无现场监护人、电焊机接线绝缘破损裸露

违章分析　上述图例违反《国家电网有限公司电力建设安全工作规程　第 1 部分：变电》第 5.3.5 条、第 8.2.18.3 条。第 5.3.5 条明确要求工作负责人在作业过程中监督作业人员遵守本标准和执行现场安全措施，及时纠正不安全行为；第 8.2.18.3 条明确要

求电焊机线应具有良好的绝缘，绝缘电阻不得小于 2MΩ。上述图例违章行为一是未按规定和现场实际情况指派专责监护人，未佩戴安全帽；二是电焊机接线绝缘破损裸露容易发生触电事故。

【案例 4-50】某变电站喷涂 PRTV 工作现场。

违章现象　现场用于喷 PRTV 的气泵未采取接地措施。

图 4-50　现场使用的气泵未采取接地措施

违章分析　上述图例违反《国家电网公司电力安全工作规程（变电部分）》第 16.3.1 条。该条例明确要求所有电气设备的金属外壳均应有良好的接地装置，使用中不准将接地装置拆除或对其进行任何工作。上述图例违章行为是现场使用的气泵未采取接地措施，容易发生触电事故。

【案例 4-51】某变电站 220kV 断路器大修现场。

违章现象　刀闸机构箱门接地跨接线脱落。

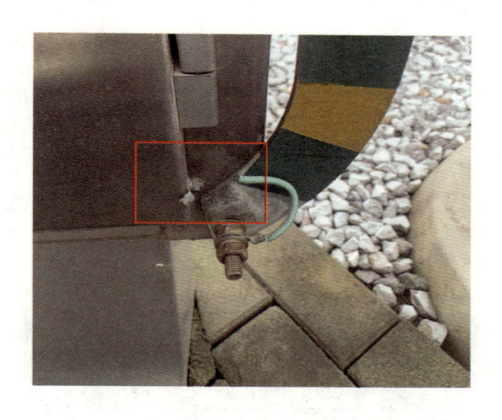

图 4-51　机构箱门接地跨接线脱落

<u>违章分析</u>　上述图例违反《电气装置安装工程盘、柜及二次回路接线施工及验收规范》第 7.0.5 条。该条例明确要求所有电气设备的金属外壳均应有良好的接地装置，使用中不准将接地装置拆除或对其进行任何工作。上述图例违章行为是刀闸机构箱门接地跨接线脱落，容易发生触电事故。

【案例 4-52】某变电站 220kV 断路器、电流互感器、避雷器、电容式电压互感器定检、保护定检、一键顺控调试现场。

<u>违章现象</u>　现场安全围栏倾倒，存在误入运行设备区的风险。

<u>违章分析</u>　上述图例违反《国网电力安全工作规程（变电部分）》第 6.6 条。该条例明确要求 工作间断、转移和终结制度。工作间断时，工作班人员应从工作现场撤出。每日收工，应清扫工作地点，开放已封闭的通道，并电话告知工作许可

137

人。若工作间断后所有安全措施和接线方式保持不变，工作票可由工作负责人执存。次日复工时，工作负责人应电话告知工作许可人，并重新认真检查确认安全措施是否符合工作票要求。上述图例违章行为是现场安全围栏倾倒，存在误入运行设备区的风险。

图 4-52 现场安全围栏倾倒

第三节 电力安全生产管理违章

在平时的工作中，凡是从事工程设计、施工、物资、生产工作的各级行政、技术管理人员，不按国家、行业、主管单位颁发的有关规程、规定、反事故措施和安全技术措施，结合本单位、本部门实际制定的有关规程、制度、措施并组织实施的行为，均属于管理性违章。为了预防行为违章的发生，给现场人员提出警示，本节主要收集了近几年现场发生的一些管理性违章行为，供现场人员学习和培训。

【案例 4-53】某 10kV 线路北四斗分支 033 号杆、033+1 号杆、038 号杆、070 号杆加装拉线护套作业现场。

违章现象 通行道路上施工时未装置围栏、设置安全标志。

图 4-53 现场未设置安全围栏和警示标志

违章分析 上述图例违反《国家电网公司电力安全工作规程（配电部分）》第 4.5.12 条，该条例明确要求城区人口密集区或交通道口和通行道路上施工时，工作场所周围应装设遮栏（围栏），并在相应部位装设警告标识牌。必要时，派人看管。上述图例违章行为是工作现场不符合安全生产管理规定，未设置安全围栏和警示标志，一旦行人误入，容易发生意外事故。

【案例 4-54】某 110kV 输电线路通道内树木修剪工作现场。

违章现象 110kV×线 028～031 号杆塔临近 10kV 某两条线路同杆架设 001～010 号杆。同属带电线路，在工作票第五项注意事项内没有填写工作条件（危险点）。

图 4-54　工作票填写的危险点与现场不符

违章分析　上述图例违反《国家电网有限公司电力安全工作规程（线路部分）》第 7.4.1 条，该条例明确要求在线路带电情况下，砍剪靠近线路的树木时，工作负责人应在工作开始前，向全体人员说明：电力线路有电，人员、树木、绳索应与导线保持表 4（此表为原规程内表，本书略）的安全距离的规定。上述图例违章行为是修剪临近带电线路的树木，要在工作票注意项内将有可能发生的触电危险的都要写入，避免工作时造成触电事故。

> 【案例4-55】某10kV线路005号杆断路器自动化调试工作现场。

违章现象 登杆作业工作票上没有列相关安全注意事项。工作票没有签发布防措施。作业地点没有挂"在此工作！"标示牌。

图4-55 工作地点无警示标志牌、工作票填写不规范

违章分析 上述图例违反《国家电网公司电力安全工作规程（配电部分）》第6.2.1条、第6.2.3条、第4.5.1条，第6.2.1条例明确要求登杆塔前：①核对线路名称和杆号；②检查杆根、基础和拉线是否牢固。第6.2.3条明确要求杆塔上作业应注意：作业人员攀登杆塔、杆塔上移位及杆塔上作业时，手扶的构件应牢

固,不得失去安全保护,并有防止安全带从杆顶脱出或被锋利物损坏的措施。第4.5.1条明确要求在工作地点或检修的配电设备上悬挂"在此工作!"标示牌的规定。上述图例违章行为一是工作票未签发安全措施布置情况;二是在工作地点未悬挂在此工作标示牌;三是相关安全注意事项未列出。

【案例4-56】某10kV线路木兰村一区八组公用变压器更换高压引流线工作现场。

违章现象 0.4kV 12号接地线钢钎埋深不足60cm;工作票5.6项其他安全措施和注意事项中第1项八组公用变压器分支000~002号杆填写错误,应填写为001~002号杆。

图4-56 接地线钢钎埋深不足、工作票填写错误

违章分析 上述图例违反《国家电网公司电力安全工作规程(配电部分)》第4.4.14条。该条例明确要求杆塔无接地引下线

时，可采用截面积大于 190mm²（如 φ16 圆钢）、地下深度大于 0.6m 的临时接地体。土壤电阻率较高地区如岩石、瓦砾、沙土等，应采取增加接地体根数、长度、截面积或埋地深度等措施改善接地电阻。上述图例违章行为一是临时接地体不符合规定，埋深不足，接地不可靠；二是在工作票审核把关不严，出现填写错误现象。

【案例 4-57】某 10kV 线路 058 号杆更换跌落式熔断器及引流线工作。

违章现象 现场勘查记录中危险点分析“绝缘臂下结金属部分在仰起、回转运动中，与带电体间的安全距离不得小于 1.0m（10kV 及以下）”，应为不得小于 0.9m（10kV 及以下）。

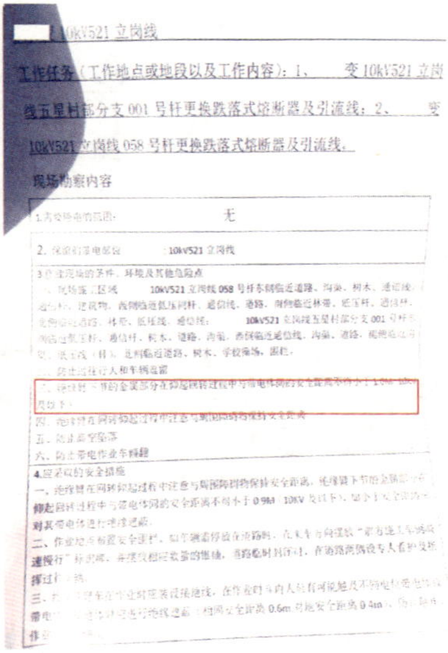
10kV521 立岗线

工作任务（工作地点或地段以及工作内容）：1、　变 10kV521 立岗线五星村部分支 001 号杆更换跌落式熔断器及引流线；2、　变 10kV521 立岗线 058 号杆更换跌落式熔断器及引流线。

现场勘察内容

1.需要停电的范围：　无

2.保留的带电部位：　10kV521 立岗线

3.作业现场的条件、环境及其他危险点

六、防止带电作业车倾翻

4.应采取的安全措施

图 4-57　现场勘查记录填写错误

> 违章分析 上述图例违反《国家电网公司电力安全工作规程（配电部分）》第 9.7.7 条，该条例明确要求绝缘斗臂车的金属部分在仰起、回转运动中，与带电体间的安全距离不得小于 0.9m（10kV）、1.0m（20kV）。上述图例违章行为危险点分析错误，容易误导现场工作人员。

> 【案例 4-58】六盘山中路 4-1 号分支箱 DTU 自动化终端调试工作。

> 违章现象 现场电子工作票安全措施、安全技术交底记录新增人员"秦丰"未签名。

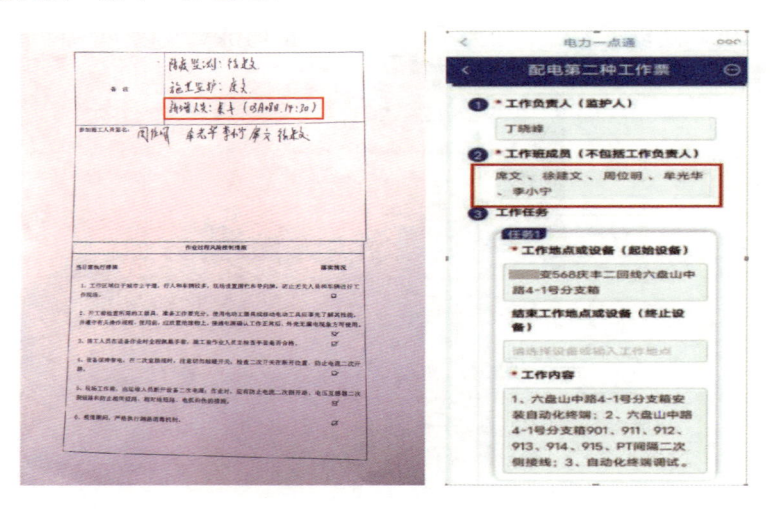

图 4-58 工作票填写不规范

> 违章分析 上述图例违反《国家电网公司电力安全工作规程（配电部分）》第 3.3.12.5 条。该条例明确要求熟悉工作内容、

工作流程，掌握安全措施，明确工作中的危险点，并在工作票上履行交底签名确认手续。上述图例违章行为是新增人员未在工作票上履行交底签名确认手续，属于无票工作。

【案例 4-59】某 10kV 线路金沙七社 0.4kV 南主线 008 号杆新装动力表工作现场。

违章现象

（1）工作负责人"薛明浩"未参加前期现场勘察、勘查记录无编号。

（2）现场勘察记录第四项应采取的安全措施未说明应使用绝缘毯进行遮蔽。

图 4-59　现场勘察记录和工作票填写不规范

> 违章分析　上述图例违反《国家电网公司电力安全工作规程（配电部分）》第 3.2.2 条、3.2.5 条。第 3.2.2 条明确要求现场勘察应由工作票签发人或工作负责人组织，工作负责人、设备运维管理单位（用户单位）和检修（施工）单位相关人员参加。对涉及多专业、多部门、多单位的作业项目，应由项目主管部门、单位组织相关人员共同参与。第 3.2.5 条明确要求开工前，工作负责人或工作票签发人应重新核对现场勘察情况，发现与原勘察情况有变化时，应及时修正、完善相应的安全措施。上述图例违章行为现场勘察记录填写不完整、不具体、不规范，勘察人、记录人、记录时间未填写。

【案例 4-60】某 10kV 线路更换北京东路 2 号环网柜现场。

> 违章现象

（1）未制止无关人员进入作业现场。

（2）现场勘察记录 10kV 接地刀闸：第 18 项检查 912 星海酒店 912-0 接地刀闸，记录中未写明检查在"合"。

> 违章分析　上述图例违反《国家电网公司电力安全工作规程（配电部分）》第 4.5.12 条。该条明确要求城区、人口密集区或交通道口和通行道路上施工时，工作场所周围应装设遮栏（围栏），并在相应部位装设警告标示牌。必要时，派人看管。上述图例违章行为一是不符合安全生产管理规定；二是现场勘察记录填写不规范。

图 4-60　工作场所周围未装设遮栏（围栏）无警示标志、现场勘查记录填写不规范

【案例 4-61】某 220kV 变电站旁路母线拆除工作现场。

违章现象　工作票工作班成员"王栓定"系统无准入信息，实际人员为"王拴定"。

违章分析　上述图例违反《国家电网有限公司作业安全风险管控工作规定》第三十四条，该条明确要求作业开始前，工作负责人应提前做好准备工作。核实作业人员是否具备安全准入资格、特种作业人员是否持证上岗、特种设备是否检测合格。上述图例违章行为是不符合安全生产管理规定，未及时对工作班成员办理准入手续。

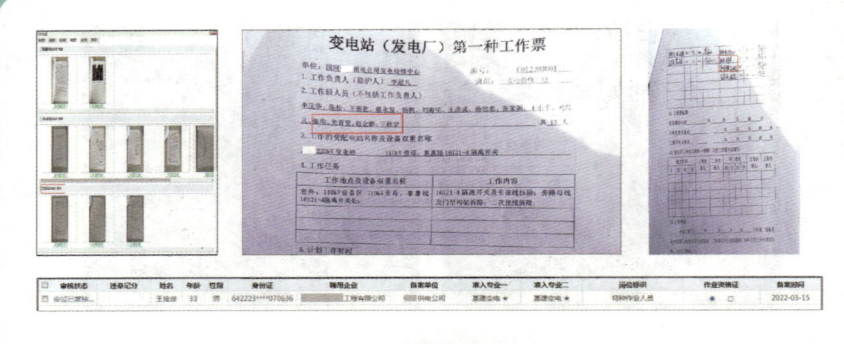

图 4-61　工作班成员未办理准入手续

【案例 4-62】某 110kV 变电站 1 号主变压器综合自动化系统改造、保护定检；101-3 隔离开关大修。

违章现象

（1）35kV 设备区硬质围栏未全封闭，存在人员误入带电设备区的风险。

（2）1 号主变压器断路器设备标识牌关键信息缺失，存在误入间隔的风险。

图 4-62　硬质围栏未全封闭、设备标识牌关键信息缺失

第四章　电网企业班组安全生产典型违章

违章分析　上述图例违反《变电站（换流站）作业现场安全设施标准化布防规范》（一）安全遮栏（围栏）要求：相邻的围栏必须紧密锁扣，不得留有空位。金属围栏必须接地。"止步，高压危险！"标示牌应面向作业区域。《电力安全工作规程变电部分》第 5.3.1 条明确要求倒闸操作应根据值班调控人员或运维负责人的指令，受令人复诵无误后执行。发布指令应准确、清晰，使用规范的调度术语和设备双重名称。发令人和受令人应先互报单位和姓名，发布指令的全过程（包括对方复诵指令）和听取指令的报告时应录音并做好记录。操作人员（包括监护人）应了解操作目的和操作顺序。对指令有疑问时应向发令人询问清楚无误后执行。发令人、受令人、操作人员（包括监护人）均应具备相应资质。上述图例违章行为是不符合安全生产管理规定。

【案例 4-63】 某 10kV 线路草场分支 006、010 号杆更换跌落保险及引流线。

违章现象

（1）513 镇华三回线防护林 6 号井分支 007 号杆杆号牌缺失。
（2）四措施工作业计划时间填写错误。

违章分析　上述图例违反《配电网运行规程》第 8.5.4 条。该条明确要求配电线路及设备的现场标识牌、警示牌应完好、齐全、清晰、规范，装设位置明显、直观，缺损时应及时补充和恢复。上述图例违章行为一是不符合安全生产管理规定，四措施工作业计划时间填写不正确；二是杆号牌缺失，未及时补全。

图 4-63　杆号牌缺失、四措施工作业计划填写不正确

【案例 4-64】某 220kV 变电站光缆双沟道建设工作。

违章现象　（1）工作票工作地点设备名称未填写，勘查记录中未填写施工区域的相邻带电设备间隔。

（2）劳动合同甲方、乙方签订（7 份）没有填写日期。

违章分析　上述图例一是违反《国网某电力有限公司配电操作票、工作票和施工作业票管理规定》第 9.6.1 条，该条例明确要求工作地点或设备应注明变电站、线路名称、设备双重名称。二是违反《中华人民共和国劳动合同法》第十条，该条例明确要求建立劳动关系，应当订立书面劳动。已建立劳动关系，未同时签订书面劳动合同的，应当自用工之日起一个月内订立书面劳动合同。用人单位与劳动者在用工前订立劳动合同的，劳动关系自用工之日起建立。上述图例违章行为一是工作票及勘察记录填写不规范；二是劳动合同不符合劳动合同法。

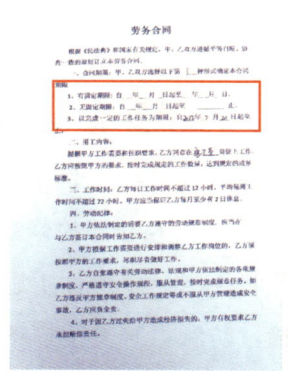

图 4-64　勘查记录、劳动合同填写不规范

【案例 4-65】某 220kV 变电站储油柜、风冷系统大修、MR 有载调压分接开关大修。

违章现象　起重作业安全风险管控卡内专责监护人没有签名，专责监护人存在未履行相关风险管控措施的可能。

图 4-65　安全风险管控卡填写不规范

违章分析　上述图例违反《国网设备部关于进一步加强变电站内起重作业安全风险管控的通知》第七条，该条例明确要求加强过程监护。工作负责人应组织作业人员严格按照检修方案进行作业，并使用《起重作业安全风险管控卡》中附件 1 进行检查确认，全面落实防高空坠落、碰撞，防触电等安全措施。上述图例违章行为是专责监护人在起重作业安全风险管控卡没有签名，存在未履行相关风险管控措施的可能。

【案例 4-66】某 110kV 变电站配电装置室钢结构安装施工、外墙龙骨安装、内墙板安装、站内照明施工、电气埋管安装现场。

违章现象　外墙面施工人员高处作业点，工作负责人（监护人）未在附近监护。

图 4-66　高处作业工作负责人未全程在现场监护

违章分析　上述图例违反《国家电网有限公司电力建设安全工作规程　第 1 部分：变电》第 5.3.4 a）条。该条例明确要求工作负责人、专责监护人应始终在工作现场。上述图例违章行为是工作负责人或专责监护人未全程在现场监护，存在未履行专责监护的可能。

【案例 4-67】 某 10kV 线路园林一队 09 号公用变压器 005 号杆安装成套集装表箱及接引线工作现场。

违章现象　现场对上方 0.4kV 集束导线进行了绝缘遮蔽，低压工作票安全措施栏内没有填写导线采用绝缘遮蔽的措施。

违章分析　上述图例违反《营销现场作业安全工作规程（试行）》第 6.3.13.2 条。该条例明确要求工作负责人应做到以下几点：检查工作票所列安全措施是否正确完备，是否符合现场实际条件，必要时予以补充完善。上述图例违章行为是工作负责人未履行操作票审核要求，容易造成事故。

图 4-67　工作票填写不规范

第四节　电力安全生产各类综合违章行为

在平时的各类工作中，工作人员务必牢记违章是事故之源，一个小小的违章念头有可能对人身、电网和设备的安全稳定运行带来危害，甚至威胁到工作人员的生命安全。本节主要针对工作中发生的各类综合违章行为进行点评，希望能给读者提出警示作用。

【案例 4-68】某 10kV 线路甜水河分支 176 号杆至甜水河居民点分支 002 号杆安装金具、架设导线（带电作业配合）工作现场。

违章现象　（1）四措、施工方案、勘查记录、工作票注意事项均要求：在 10kV 513 北沙窝线甜水河分支 001 号杆处装设个人保安线。现场没有执行（行为违章）。

（2）带电作业勘查记录没有填写设备双重名称（管理违章）。

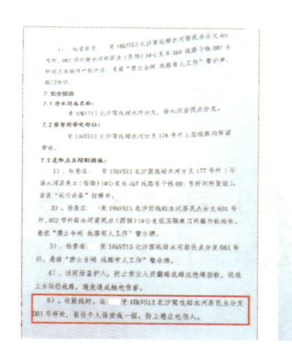

图 4-68　现场没有执行工作票、方案注意事项

图 4-69　勘查记录填写不规范

违章分析　上述图例违反《国家电网公司电力安全工作规程（配电部分）》第 4.4.12 条，该条例明确要求对因交叉跨越、平行线路或临近带电线路、设备导致检修线路或设备可能产生感应

155

电压时,应加装接地线或使用个人保安线,加装(拆除)的接地线应记录在工作票上,个人保安线由作业人员自行装拆。上述图例违章行为一是四措、施工方案、勘查记录、工作票注意事项均要求在10kV 513北沙窝线甜水河分支001号杆处装设个人保安线,但是现场工作人员没有执行;二是带电作业勘查记录没有填写设备双重名称。

【案例4-69】某线路002+001号杆(新)绝缘遮蔽,带电安装绝缘挡板、开挖基坑、组立电杆工作现场。

违章现象

(1)现场使用绝缘电阻表校验过期(带电班)(装置违章)。

(2)吊车一侧支腿未伸展、开挖基坑堆土距坑边小于1m(行为违章)。

图4-70 绝缘电阻表校验过期

图 4-71 开挖基坑堆土距坑边小于 1m

图 4-72 吊车使用不规范

违章分析 上述图例违反《国家电网有限公司电力建设安全工作规程 第 1 部分：变电》第 10.1.1.7 条，该条例明确要求堆土应距坑边 1m 以外，高度不超过 1.5m。上述图例违章行为一是基坑开挖、沟道、高处作业等临边无安全围栏及警示牌；深基坑开挖放坡不足、无防止塌方措施、坑边堆土过高（1.5m 以上）、且距离坑边过近（1.0m 以内）；二是现场使用绝缘摇表未如期进行校验；三是吊车一侧支腿未伸展，容易发生倾斜倒塌事故。

【案例4-70】某10kV线路钢杆组立、平衡挂线、附件安装、旧塔拆除、消缺、验收现场。

违章现象

（1）工作票中第七条工作许可手续工作负责人未签名（行为违章）。

（2）"王小伟"2022年准入考试成绩未合格（已通知负责人令其退场）（管理违章）。

（3）武亚龙、柳秀明特种作业证复审日期与实际日期不同（管理违章）。

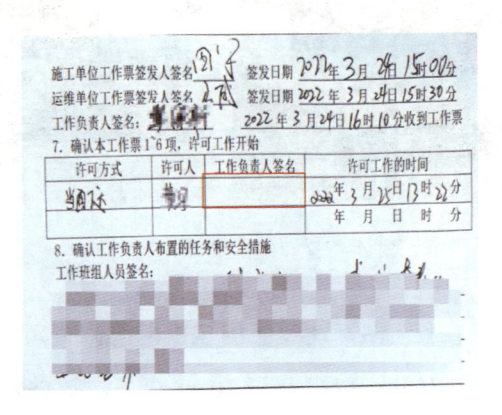

图4-73 工作票填写不规范

图4-74 准入成绩不合格

图4-75 特种作业证复审日期与实际日期不同

违章分析 上述图例违反《国家电网有限公司某电力公司2022年安全准入工作方案》，该方案明确要求各单位专业管理部门负责审核人员备案的安全资信、特种作业证、三种人、准入专业、岗位标识准确性。上述图例违章行为一是工作票票面不合格；二是不符合安全准入工作要求。

【案例4-71】 某110kV变电站新建工程钢结构、檩条及墙板安装，主控楼装修工作。

违章现象 （1）施工用脚手架没有防雷接地（装置违章）。

（2）人工搭建的楼梯没有铺设木板（行为违章）。

违章分析 上述图例一是违反《国家电网公司电力安全工作规程电网建设部分（试行）》第10.3.1.5条，该条例明确要求钢

图 4-76　施工用脚手架没有防雷接地

图 4-77　人工搭建的楼梯没有铺设木板

管脚手架应有防雷接地措施，整个架体应从立杆根部引设两处（对角）防雷接地。二是违反《输变电工程建设安全文明施工规程》第 7.1.4 条，该条例明确要求安全通道：变电工程脚手架安全通道、斜道的搭设（拆除）执行 Q/GDW 1274《变电工程落地式钢管脚手架施工安全技术规范》；电缆沟安全通道宜用 ϕ40 钢管制作围栏，底部设两根横栏，上铺木板、钢板或竹夹板，确保稳定牢固，高 1200mm，宽 800mm，长度根据电缆沟的宽度确定；使用要求：固定牢固，不能随意拆除，悬挂"从此通行"标志牌。上述图例违章行为一是施工用脚手架没有防雷接地；二是人工搭建的楼梯没有铺设木板。

【案例 4-72】某 35kV 线路 99 号杆塔 -35kV 变电站 311 间隔构架 ADSS 光缆展放。

违章现象 （1）工作票面设备双重名称填写不完整（管理违章）。

（2）未按工作票安措在 35kV 习立线 311 间隔设置"从此上下！"标示牌（行为违章）。

（3）传递材料绝缘无极绳索无试验合格标签（装置违章）。

（4）现场作业人员未穿绝缘鞋（行为违章）。

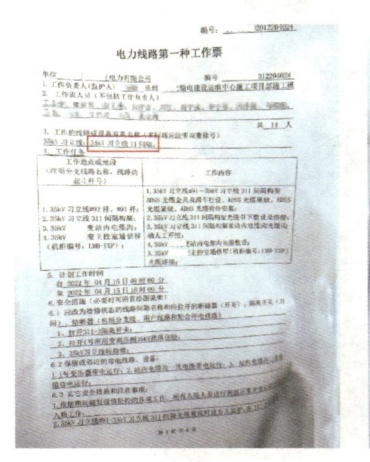

图 4-78 工作票填写不规范

图 4-79　未设置"从此上下！"标示牌、绝缘无极绳索无试验合格标签

图 4-80　作业人员未穿绝缘鞋

违章分析 上述图例一是违反《国家电网公司电力安全工作规程（线路部分）（试行）》第 4.3.4 条，该条例明确要求进入作业现场应正确佩戴安全帽，现场作业人员应穿全棉长袖工作服、绝缘鞋。二是违反《国网宁夏电力有限公司输电线路操作票工作票管理规定》，该规定明确要求填写工作线路的电压等级、线路名称及线路编号。同杆塔架设的多回路线路应填写停电线路的双重称号（即线路的名称和位置称号）。手工票填写的日期、时间、设备名称、编号、动词、设备状态不允许涂改。三是违反《国家电网有限公司电力安全工器具管理规定》，该规定明确要求安全工器具检查与使用要求：安全工器具检查分为出厂验收检查、试验检验检查和使用前检查，使用前应检查合格证和外观。上述图例违章行为一是工作票填写不规范；二是现场安全措施不全；三是现场使用的绳索不合格；四是现场工作人员着装不规范。

【案例 4-73】 某公司配合某线路跨越京藏高速施工、开断 0.4kV 低压用户线路作业现场。

违章现象 （1）作业线路上方为 10kV 运行线路，未设置绝缘隔离挡板保证作业安全距离。

（2）施工人员杆上作业时未悬挂后备保护绳。

（3）现场接地钢钎埋深不足 0.6m。

（4）管理人员到岗履则管理人员未及时制止、纠正现场违章问题（行为违章）。

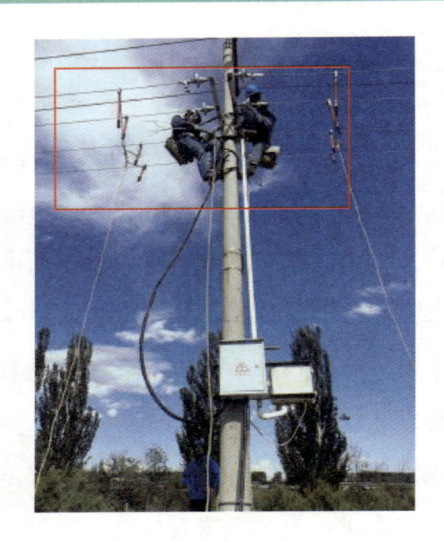

图 4-81　运行线路下未设置绝缘隔离挡板、杆上作业时未悬挂后备保护绳、管理人员未纠正现场违章

图 4-82　接地钢钎埋深不足 0.6m

第四章 电网企业班组安全生产典型违章

违章分析 上述图例一是违反《电力安全工作规程线路部分》第 6.6.2 条。该条例明确要求，进行地面配电设备部分停电的工作，人员工作时距设备小于表 1 安全距离以内的未停电设备，应增设临时围栏。临时围栏与带电部分的距离，不准小于表 2 的规定。临时围栏应装设牢固，并悬挂"止步，高压危险！"的标示牌。35kV 及以下设备可用与带电部分直接接触的绝缘隔板代替临时遮栏。绝缘隔板绝缘性能应符合附录 L 的要求。二是违反《电力安全工作规程线路部分》第 9.2.4 条，该条例明确要求在杆塔上作业时，应使用有后备保护绳或速差自锁器的双控背带式安全带，当后备保护绳超过 3m 时，应使用缓冲器。安全带和后备保护绳应分别挂在杆塔不同部位的牢固构件上。后备保护绳不准对接使用。三是《电力安全工作规程线路部分》第 6.4.7 条，该条例明确要求无接地引下线的杆塔，可采用临时接地体。临时接地体的截面积不准小于 190mm^2（如 ϕ16 圆钢）埋深不准小于 0.6m。对于土壤电阻率较高地区，如岩石、瓦砾、沙土等，应采取增加接地体根数、长度、截面积或埋地深度等措施改善接地电阻。四是《国网某电力有限公司关于规范领导干部和管理人员作业现场到岗到位工作的实施意见》明确要求各级业务管理到岗人员应重点（但不限于）开展以下工作：制止违章指挥、违章作业、组织整改存在问题。上述图例违章行为一是在运行线路下方工作，未设置绝缘隔离挡板；二是杆上作业时未悬挂后备保护绳；三是接地钢钎埋深不符合要求；四是管理人员到岗履则未及时制止、纠正现场违章问题。

第五节　电力安全生产违章预防机制

为深刻吸取各类事故教训，加强安全生产管理，坚决贯彻落实国家电网有限公司各类文件、制度要求，采取坚决有力措施，全面开展安全生产大治理工作，深入排查各领域安全隐患，抓实"四个管住"，全力以赴抓好安全生产工作，严控重大风险，消除安全隐患，守牢安全"红线"，坚决防范各类安全事故发生。这就要求各级安全管理部门严抓死守，制定违章预防措施，将违章消灭在萌芽状态。

一、安全责任落实

组织全部一线班组人员签订《班组员工安全生产目标责任书》《班组员工岗位安全承诺书》，将安全责任落实到岗位、人员，明确班组各岗位的安全目标、责任人员、责任范围、考核标准等内容，明确关键岗位的责任落实，对班组安全生产中发现的违章行为考核到人。

二、班组安全管理

1. 严抓安全教育培训

建立"员工每日一问、班组每周一课、单位每月一考"的《电力安全工作规程》学习考试机制，确保从业人员安全培训不留死角。推行违章"累计记分"考核机制，建立班组违章记录和职工违章档案，采取"奖罚并举"的方式激励各级人员查处各类违章。抓好安全资格考试，突出做好"三种人"、特种作业等人员资格培训。严格外协施工队伍安全培训，严格执行外协施工人员"双准入"规定要求，每次施工前，所有外协人员必须经过安全培训考试，不合格者，坚决杜绝进入施工现场。

2. 严抓作业风险管控

严格落实电网"全面评估，先降后控"原则，梳理检修方式下重要用户电源调整情况，充分采取电源调整、负荷转移、配备发电车等预控措施和手段，降等级、控时长、减数量，有力提升管控实效。在班组层面实实在在做好风险点辨识，认真组织现场勘察，定期召开班组安全风险管控督查例行会，将审查合格安全管控措施不折不扣的落地执行。

3. 严抓作业现场安全管理

强化规章制度宣贯落实，严格作业计划刚性执行，认真落实安规、"十不干""两票三制"等要求，抓好现场勘察、安全交底、作业监护等关键环节，坚决杜绝无计划作业、无票（派工单）工作或超范围工作。严格执行电缆隧道内作业"先通风、后检测、再进入"，带电检测安全注意事项。落实工作负责人职责，抓好外包施工安全管理，与主业同质化一体管控，对于近电、交叉跨越、动火及有限空间作业等高风险作业，全过程作业监督，指导防范措施布置。

4. 严抓现场违章管理

严厉违章考核问责，发生违章，联责处罚"三种人"、专责监护人、班组长、到岗到位人员，连续发生 2 次一般和 1 次严重违章，必须离岗培训。建立反违章常态化分析整改工作机制，每周五定期召开违章分析会，各违章责任人"说清楚"违章原因，各单位汇报周查禁违章及指标完成情况，按照反违章"四不放过"要求，实施"曝光、处罚、说清楚、培训考试"闭环管理。

5. 安全和施工工具管理

重点抓好工作现场工器具管理，工作负责人在开工会前，认真检查安全工器具和施工工具，合格后方可带入工作现场，工作时，严格按照规程安全使用，禁止使用变形、裂纹、受潮等情形工器具，防止发生安全事故。

三、班组安全技术建设

1. 高压电缆精益化管理

深化电缆线路全寿命周期管理，打造高压电缆精益化管理综合平台。构建生产准备、数据透视、状态评价、主动预警、人机协同立体巡检、智能消防等智慧运检场景，在全市高压电缆通道内安装了温度、湿度、气体、接地电流、局部放电等各类在线监测设备，实现巡检任务一键派发、检测报告一键生成，促进电缆线路从建设到退役的全流程安全管控。

2. "无人机＋在线监测"保障架空输电线路安全运行

定期进行 35～110kV 架空输电线路、杆塔红外测温工作。充分利用无人机的灵活机动、维度丰富、视野开阔、视角清晰等特点，开展"高清视频采集、实时图像传输、中心喊话对讲、远程全面监控"四类功能的"无人机+安全督查"新模式。无人机与智能可视化设备全方位监测架空输电线路通道情况，保障架空输电线路安全。

3. 推进数字化安全管控智能终端建设

结合移动办公手段，充分应用数字化装备，大力推进数字化班组建设，积极开展数字化工作票建设工作，完成配网班组数字化工作票使用全覆盖，有效落实"四个管住"相关要求，实现了"一个终端、一支队伍、一次到达现场、一次解决问题"的目标。

四、班组安全文化建设

注重安全建设事迹宣传，在《国家电网报》《电网头条》及《人民日报》等五家主流媒体宣传报道班组安全生产活动、"立体巡检+集中监控"模式转型等专题，宣传报道运维班极端天气特巡和生产运维人员日常安全生产等活动。打造教育品牌、服务品牌等，将安全管理与青年员工培训有机结合，发挥"党建+安全"作用，将班组安全建设与服务用户结合，切实发挥班组安全建设作用。

五、班组安全建设亮点

（1）编制《不停电作业业务手册》，助力现场作业规范可控。为提升带电作业中心10kV配网不停电作业规范化管理水平，加快建成具有地方特色现代一流配电网设备管理体系，推动配电网高质量发展，总结、编制了"不停电作业业务手册"。从现场勘察、计划编制、工作票办理、现场复勘、工作许可、布置现场、站班会、工器具检测、斗臂车检测、空斗试操作、标准化作业、工作终结等方面严格把控作业流程，通过推进人员行为规范化，装备管理规范化，推进业务流程和作业现场标准化，强化人员安全思想、安全行为、安全文化建设。业务手册的制作推广可以增强班组"人人知安全、人人懂安全、人人要安全"的良好作业意识，实现作业现场零隐患、零违章、零事故良好作业场景，确保作业现场安全管控措施可控、在控、能控。

（2）大力开展机器人作业，助力不停电作业智能化、安全化升级。带电作业中心通过推动配网智能化、安全化转型升级，大力开展机器人作业，结合配网带电作业机器人作业特点及地区线路特点，总结制定了《机器人带电作业项目作业指导书》《机器人带电作业流程检查单》《机器人带电作业施工方案》等标准。通过这些标准的制定实施，使得作业过程中变得更加标准、规范、安全，作业质效随着作业次数的增加同步提升。特别是对于作业过程的安全把控，从作业现场复勘、执行工作许可制度、召开现场站班会、停放机器人等准备阶段，再到机器人作业出现故障时的紧急处理措施，确保作业全过程的安全可控、在控、能控，并根据每次作业遇到的问题进行研究判断、认真分析，提出改进措施，在反复的实践中不断提升配网带电作业机器人安全性。

（3）推行电缆带电检测智能化，大幅提升工作效率。综合运用高频、特高频、超声、红外测温、护层电流传感等多种带电检测手段开展迎峰度夏和重大保电期间设备检测，逐步形成一套较为完整的设备带电检测和数据分析方法。创新采用数字化红外成像检测成套装备和智能化局放检测终端，运用智能诊断算法分析检测结果，并在系统中植入测点管控、报告自动生成等模块，克服了传统红外和局放检测任务生成难、检测过程管控难，人工分析经验不足，检测报告撰写工作量大且易发生误判漏判等难题，实现了"后台智能诊断、结论即时生成、报告自动归档"的数字化、智能化转型，工作效率提升 4 倍以上。

六、班组安全建设工作存在的问题和建议

（1）班组承载力不足。部分生产运维班组人员配置不足，随着设备总量快速增长所带的运检工作量增长，以及核心业务自主实施需求，现有在岗人员少和工作量大之间的矛盾日益突出，难以满足现代设备管理体系建设中对运检人员和设备精益化管理要求。

建议：按照"两支队伍"建设、检修业务实施计划、电缆日常运维、检修工作实际需求及电缆设备规模增长情况，逐年补充主业人才和外委人员，逐步缩小电缆专业人员缺口。

（2）安全责任制执行力、穿透力不够。在部分基层班组对安全生产相关制度仅作一般性、原则性的动员和要求，主要忙于事务性工作，对安全生产工作存在的主要问题没有深入细致地开展调查研究，没有制定相应的即时整改措施。

建议：针对班组违章现象深入剖析，分析违章问题的根源，并形成书面通告，对生产现场存在的安全问题和习惯性违章现象

即时即改，签订班组成员习惯性违章整改协议书，对发生的违章行为进行到人考核。

（3）安全事故以案促改落实不力。部分班组成员对事故通报学习不重视，没有把事故的直接原因和深层次的根源及事故责任、需要吸取的教训等认真分析，没有立足班组实际提出和落实防范措施。对安全生产文件，存在以发代管、一发了事现象。对文件要求的落实情况没有给予应有的关注，没有对其进行细化、量化。

建议：加强安全学习力度，对近期发生的安全事故进行深入细致剖析，班组成员形成书面感悟，加强以案促改的执行力和穿透力，吸取安全事故教训进行隐患大排查大整治行动，制定隐患排查、治理方案，形成隐患的闭环管理。

（4）安全文化建设滞后。由于资金、人员素质、投入时间等因素影响，在班组层面不能很好地自主开展安全文化建设工作。

建议：对班组安全文化建设工作基于一定的资金、人力支持，各专业部门应做好指导服务工作，引导班组自主开展班组安全文化建设。

总之，要求各级人员认真总结反违章的成效与经验，研究采取违章记分、连带处罚等行之有效措施，建立健全现场违章查纠管理制度。发挥安全监督体系和专职（兼职）督查队伍作用，开展多种形式的反违章检查，严肃查纠现场违章现象，强化"两票三制"，规范人员行为，落实安全措施，确保作业现场工作安全。

第五章
电网企业班组安全生产典型违章案例

反违章活动是一项长期而艰巨的工作，要持之以恒，坚持不懈。要从组织管理、技术措施、教育激励、监督考核等多方面，健全反违章工作机制，使员工逐步养成良好习惯，培育建设企业安全文化。近年来，在电力生产活动过程中，由于各级人员违反国家和行业安全生产法律法规、规程标准，违反单位安全生产规章制度、反事故措施、安全管理要求等，引发的人身、电网和设备事故屡禁不止，本章主要对近年来由于人员违章导致的事故进行分析，并采取措施，希望引起现场生产人员警示。

第一节　违章导致人身伤亡事故案例分析

随着电网的发展，大规模建设、升级、改造工程全面展开，各省市检修预试和基建施工任务繁重，导致各类违章造成的人身死亡事故屡禁不止。为此，笔者收集了近年来全国各地电力系统曾经发生过的典型案例，希望现场工作人员认真学习，深刻吸取教训，采取切实有效措施，防范类似事故的再次发生。

【案例 5-1】2021 年 3 月 16 日，某水利水电有限公司承建的某抽水蓄能电站一期尾水隧洞尾水调压井灌浆工程，在施工过程中发生一起物体打击事故，造成 1 人死亡，1 人受伤，直接经济损失约 140 万元。

> 原因分析 事故直接原因是竖井钻灌施工平台绳卡连接不牢，致使钻灌施工平台向南侧倾斜，作业人员被设备挤压，导致事故发生。

事故间接原因是施工班长违章指挥，施工现场人员违章作业，施工单位风险辨识管控及隐患排查治理不到位，安全管理制度不健全，从业人员安全教育培训不到位，现场管理人员对吊装绳卡检查不到位。

> 暴露主要问题

（1）对安全工作的重要性认识不足。事故发生在节后工程复工关键时期，安全工作重要性认识不足，"管业务必须管安全"的安全履职要求执行不到位，未能全面落实工程复工安全管理措施，复工复产后未能及时发现现场作业中存在的安全隐患。

（2）施工方案管理不到位。施工方案中未辨识出平台倾斜、灌浆设备挤压伤害等风险，未制定针对性的管控措施，未制定平台施工机具固定措施，未明确平台关键技术措施现场核验和审核把关具体要求。

（3）现场违章治理不力。作业人员未将钢丝绳绳卡紧固到位，现场缺失有效的核验手段；作业人员未对两台注浆泵采取有效地固定措施。建设单位及监理、施工项目部未能及时发现整治现场作业违章行为。

（4）劳务分包安全管控不到位。施工项目部安全管理人员履职不到位。灌浆平台钢丝绳绳卡紧固后，监理、施工项目部未派人到场复核。建设单位未及时发现并督促整改劳务分包安全管控存在的问题。

> **反措要求**

（1）依法依规落实安全责任。落实《安全生产法》《电力建设工程施工安全监督管理办法》（国家发改委第28号令），厘清工程参建各方安全责任，推动参建各方依法尽职履责。落实全员安全生产责任制，将安全责任清单向现场施工项目部、监理项目部、作业层班组延伸，抓住"关键人"安全明责、知责、履责、督责和问责。

（2）严格安全风险管控。要严格落实"四个管住"要求，强化风险识别、评估和定级，加强到岗到位、安全督查、作业队伍承载力分析，严禁超能力作业、盲目赶工期、抢进度。要严格施工方案编审批，加强关键安全技术措施审查，刚性执行方案各项安全技术措施，对恶劣天气、夜间作业等特殊情况要提高风险管控级别。加快施工现场视频监控系统建设，按照"作业不停，监控不断"的原则，健全值班监控机制。加大"四不两直"安全督察力度，健全反违章工作机制，坚持抓早抓小抓苗头，从严从重查处违章。

（3）严格自制施工机具管理。所有自制施工机具必须进行专项设计，设计应充分考虑安全冗余和后备保护，严防单项措施不到位直接导致安全事故。明确自制施工机具核验和使用要求，严把自制施工机具验收关，所有施工机具必须经验收合格后方可使用。自制施工平台、机具移至其他部位使用，重新履行检验手续。施工、监理单位和项目公司定期对自制施工机具开展安全检查，确保自制施工机具安全可靠。国网新源公司要研究制定自制施工机具通用性标准，推进自制施工机具设计、制作、安装、验收、维护标准化。

（4）严格分包安全管理。优化专业分包、劳务分包审核程序，加强分包合同、安全资质业绩、管理资源投入、特种人员持证深度核查，严把分包入口关，严控层层分包，杜绝违法转包。督促施工单位将分包队伍纳入本单位安全管理体系，统一管理、统一培训、统一考核，推行分包人员实名制管理。要提高作业人员入场前培训的针对性和有效性，加强作业层班组建设和作业层班组骨干配置，严禁劳务分包人员独立承担危险性较大的作业，严禁以包代管。

【案例5-2】2021年5月2日凌晨1时46分左右，某生物发电有限公司当值电气运行人员在进行发电机并网前检查过程中，发生触电事故，造成1人死亡，直接经济损失98万元。

原因分析　直接原因是运行副值违反《国家电网公司电力安全工作规程变电部分》第7.5.4条规定，在高压开关柜内手车开关拉出后，擅自开启隔离带电部位挡板进行清灰作业，不慎触及10kV静触头，导致触电。

间接原因是某发电公司未能有效落实生产安全事故隐患排查治理制度，督促员工执行公司安全生产规章制度和安全操作规程不到位，事故隐患未能及时发现消除。监督"两票"落实不力，作业时操作票制度未正确执行。企业主要负责人因同时担任某临泉生物发电有限公司总经理，对某生物发电公司履行监督检查安全生产工作职责不到位。对某生物发电公司安全隐患排查治理工作督促指导不到位。

暴露主要问题

（1）安全责任落实不到位。未统筹好安全、质量与工期的关系，安全责任清单未做到"一组织一清单、一岗位一清单"，生产人员对清单内容不清楚、不掌握，安全培训存在缺失，现场工作人员安全素养严重不足。

（2）安全风险管控不到位。未认真落实国网安委办《关于加强"五一"期间安全防范工作的通知》要求，对"五一"期间不停工风险作业未进行提级管控，现场安全风险辨识不到位，"五防"管理不规范，运行人员不清楚设备带电状态及危险点，安全风险辨识、分析、防控形同虚设。

（3）作业人员安全意识淡薄。现场习惯性违章问题突出，运行人员未严格执行"两票"管理规定，超范围工作，违规打开发电机出口开关柜内隔离挡板进行清扫。

（4）检修组织管理不到位。电气检修承载力不足，当值运行人员长期参与电气检修作业，运行与检修工作界面不清、组织分工不明，保证安全的组织措施无法有效落实。

（5）事故信息报送不及时。新版《安全事故调查规程》宣贯培训不到位，事故单位对报送要求不熟悉不掌握，事故发生后各层级未按照规定时限要求报送事故信息。

第五章　电网企业班组安全生产典型违章案例

> 反措要求

（1）充分认识安全生产的极端重要性。各单位要认真学习领会习近平总书记关于安全生产重要论述及指示批示精神，从讲政治、讲党性、讲大局和践行"四个意识"的高度，深刻认识安全生产的重要性，牢固树立"人民至上、生命至上"理念，坚守发展决不能以牺牲人的生命为代价这条红线，正确处理安全与发展、效益和工期之间的关系，真正把安全生产挺在各项工作前列，以严、细、实的作风和有力的举措抓安全、保安全，建立安全生产良好氛围，保障安全生产稳定局面。

（2）严格落实安全责任。坚持"党政同责、一岗双责、齐抓共管、失职追责"，"三管三必须"要求，强化各级领导人员安全责任担当，严格安全保证体系、监督体系、保障体系履责。加强新业务新业态安全管理，确保业务拓展过程中安全不弱化。深入推进安全责任清单滚动修订、学习培训、贯彻落实和执行评价，打通责任压力传导堵点，确保安全责任落实到岗到人，通过抓住关键人，带动一班人，一级抓一级，层层抓落实，逐级拧紧安全责任链条。

（3）严肃安全生产纪律。认真落实"月计划、周安排、日管控"要求，严禁无计划开展作业，加强领导干部和管理人员到岗到位、安全督查、作业班组承载力分析，严禁超范围、超能力工作，严禁盲目赶工期、抢进度。加强检修作业组织，严守检修、运行工作界面，严禁违章指挥。强化安全教育培训针对性，加强运维、作业人员《安规》等安全和专业技能培训，提升员工安全技能素质。

（4）强化安全风险管控。严格落实"四个管住"要求，强化作业计划管理，严格"三措一案"的编审批和风险管控督查，抓好关键环节和重要工序风险管控，严肃作业现场"两票三制""五防"管理制度的刚性执行，强化安全技术管理，加大现场安全投入，提高现场技防水平。加强分包安全管理，切实将分包队伍纳入自身安全管理体系，严禁以包代管。严格人员管控，严把人员准入关。对于节假日期间不停工作业、夜间作业等特殊情况要提高风险等级进行管控。

（5）加强安全监督检查。利用视频督查、"四不两直"安全督查、三级安全督查等手段，加大检修作业现场安全监督检查力度，聚焦防人身事故，重点查处无计划作业、超承载力作业等冲击当前安全底线的突出问题，深挖各级管理责任，严肃责任追究。牢固树立"违章就是隐患、违章就是事故"理念，加大现场违章查处力度，对严重违章按照安全事件进行惩处，开展安全警示教育，保障现场作业安全有序。

（6）提升应急处置能力。完善人身事故应急预案，针对性地开展应急演练，加强触电急救培训，确保现场作业人员掌握必要的知识和具备应急救援能力。严格事故信息报送，发生安全事故要按要求及时向地方政府部门和行业监督部门报告，同时要逐级向本单位的上级单位报告，坚决杜绝迟报、漏报、谎报、瞒报。

第五章　电网企业班组安全生产典型违章案例

【案例5-3】2021年5月4日，国网某电力±800kV线路年度检修期间，在进行1413号塔耐张线夹X光无损探伤检测作业过程中，发生一起人员高空坠落事故，造成1人死亡，直接经济损失约0.36万元。

原因分析　发生事故的1413号塔为耐张塔，横担挂点高约54m。1名劳务人员在高空配合开展极Ⅱ小号侧耐张线夹X光无损探伤检测，在完成检测任务后，自耐张线夹位置沿耐张绝缘子串向横担方向移动，在移动过程中，采取以保护绳兜住耐张绝缘子串的方式设置安全保护，当移动至耐张绝缘子串和横担之间的金具上时，在未将安全带固定在横担上的情况下，将兜住耐张绝缘子串的保护绳解开，继续向横担移动，在移动过程中发生高坠，导致该名劳务人员死亡。

暴露主要问题

（1）专业外委管理失责。某送变电公司将涉及需要入网作业（登塔）才能实现的检测工作，专业外委给仅具备检测资质而不具备相应现场作业组织能力的某电力科技服务有限公司，对外委单位资质能力审核把关不严。

（2）作业组织管理失责。某送变电公司执行"两票三制"不严，作业实施过程中，把探伤检测工作和实施人员纳入检修工作票后，未按《安规》要求执行工作任务单，未指定小组负责人和专责监护人，现场作业人员职责界面不清，安全履责不到位。

（3）作业风险管控失责。某送变电公司未对节日期间作业风险进行提级管控，未按照四级风险管控标准安排探伤作业现场到岗到位把关，未安排安全督查队伍现场督查，视频监控设备配置数量不满足全覆盖要求，安管中心未能有效发挥作用，"四个管住"执行不到位。

（4）规矩意识和纪律意识不强。某公司违反《国家电网有限公司安全事故调查规程》和"五一"节日期间安全信息报送工作要求，未在规定时间内将事故信息报送至公司总部。

反措要求

（1）压紧压实安全责任。各级领导干部要正确认识安全生产的极端重要性，对照领导班子成员"两个清单"认真履责，特别是对存在责任界面不清、管理机制不顺、安全责任体系不健全的问题，要一抓到底。各级管理人员和各类作业人员要对照本岗位工作职责和安全责任，动态完善安全责任清单，准确掌握履责标准，切实做到"照单履责"。各单位要组织梳理检修业务委托情况，明确责任界面，对委托双方责任不清的，要立即整改。

（2）健全双重预防机制。各单位要健全作业风险管控机制，认真执行"两票三制""十不干"和《安规》等要求，严格风险管控工作监督，审核把关风险管控措施。要以"五查五严"为契机，深入排查各类隐患，对制约高风险作业、外包外委作业等安全管理的，要从管理机制、资源投入层面制定解决措施，专项督办解决。

（3）加强现场安全管理。各单位要严格落实"四个管住"要求，细化日计划管控和风险辨识，严格检修方案审核，强化到岗到位执行，分级开展"四不两直"安全督察，充分发挥安全督查队、安管中心作用，严厉查处各类违章行为，落实"负面清单"措施，切实维护作业现场安全生产秩序。

（4）加强依法合规管理。各单位要加强检修业务外包外委规范管理，严格审核外包单位资质能力，按照权责一致的原则签订安全协议，严禁将检修业务外包给不具备资质的单位，严禁外包单位超资质范围承揽业务。要严格遵守《安全事故调查规程》和安全信息报告要求，发生事故后，要及时报告，杜绝迟报、漏报、谎报、瞒报。

【案例5-4】2021年6月17日，国网某供电公司110kV某变电站发生一起触电伤亡事故，造成某集团有限公司（省管产业单位）1人死亡，变电运维中心1名运维人员受伤，直接经济损失93.4万元。

原因分析 事故直接原因是工作负责人甲在明知工作已终结的情况下，未戴安全帽，擅自进入110kV高压室Ⅱ凤省2间隔，并在带电设备周围违规使用钢卷尺（非工作票所列作业内容），在钢卷尺靠近某隔离开关母线侧导线时，带电的导线通过钢卷尺经甲身体发生接地放电，导致甲触电死亡。因接地放电引起高温造成乙工作服起火，导致乙被烧伤。

事故间接原因是建设、施工、监理等单位相关责任人员履行安全职责不到位等。

暴露主要问题

（1）安全责任"明责"不到位。某供电公司安全责任体系不完善，专业部门安全责任清单缺失项目安全管理职责；项目管理制度不完善，安全职责界面不清。某供电公司与某集团之间未形成有效的安全生产协同管控机制，安全生产指导、管理和监督责任不明确。祥和集团专业部门职责缺少安全管理内容。

（2）技改项目管理有短板。某供电公司项目管理组织设置不合理，任务安排不明确，项目安全技术交底、设备交接验收等阶段无业主安全履职痕迹，关键环节到岗到位制度执行不严。某供电公司在推进项目过程中，未同步分析和部署安全工作要求、重点安全风险和防控措施，对作业现场安全管控不到位，存在"重进度、轻安全"的倾向。

（3）产业安全基础不牢固。某集团未建立安委会决议事项闭环跟踪机制，安委会决策和督办作用发挥不足。对安全目标的制定缺乏细致考量，考核落地困难。安全费用计划监管不严格，常规安全费用与工程安全费用统计混杂，安全费用项目未明确到班组，无法跟踪闭环。安全教育培训机制不完善、培训计划内容不具体，未制定合理的违章处罚标准，未落实违章记分考核要求。

（4）"四个管住"执行不到位。某集团计划延期后安全风险未及时公示告知，"两票三制"执行不规范，工作票中工作地点、带电部位等关键内容不准确。运行、检修人员安全意识淡薄，风险辨识能力、安全技能存在不足，员工安全教育和标准化作业培训需加强。某集团作业现场执行"十八项"反措不严格，带电区域隔离等关键安全措施缺失。

（5）依法合规意识不强。事故单位人员违反公司《安全事故调查规程》安全信息报送工作要求，未在规定时间内将相关事故信息报送至公司总部。

反措要求

（1）提高对安全生产极端重要性的认识。要认真学习领会习近平总书记关于安全生产重要论述及指示批示精神，从讲政治、讲党性、讲大局和践行"四个意识"的高度，深刻认识安全生产的重要性，牢固树立"人民至上、生命至上"理念，坚守发展决不能以牺牲安全为代价这条不可逾越的红线，真正把安全生产挺在各项工作前列，以严、细、实的作风和有力的举措抓安全、保安全，建立安全生产良好氛围，保障安全生产稳定局面。

（2）健全安全责任体系。按照"管业务必须管安全"要求，全面梳理专业部门安全管理责任，完善安全责任清单和项目管理规章制度，将项目安全责任分解到部门和岗位。落实"谁主办谁负责"和同质化管理要求，梳理排查产业主办单位管理职责不清等问题，理顺主办单位、平台公司和所属分（子）公司专业管理关系，细化主办单位对产业单位的综合管理和专业管理职责，加强过程管控，强化执行监督考核，确保管理模式适应省管产业体制机制改革需要。

（3）强化技改项目安全管理。细化修订相关制度标准，针对大型、复杂技改工程，优化项目组织管理体系，增强建设管理力量，强化项目前期准备、开工实施、现场管控、竣工验收等各环节安全管控措施的部署和落实，健全项目日常管理机制，规范技改项目组织和全流程管理。

（4）夯实省管产业安全管理基础。强化双重预防机制建设和运转，规范安委会会议、安全教育培训、安全费用管理等安全生产例行工作。扎实推进安全生产专项整治三年行动、"聚一线、盯现场、防事故"安全专项活动，认真落实2021年省管产业安全监督工作要点。切实加强反违章管理，提升全员安全意识和业务技能，营造良性安全生态。加强省管产业单位科技支撑力度。

（5）强化"四个管住"执行落实。加快"一平台、一终端、一中心、一队伍"建设应用，严格开展"四个管住"评价工作，保障"四个管住"有效落地。强化作业计划管理和"两票三制"执行，严格"三措一案"的编审批和风险管控督查，切实抓好关键环节和重要工序风险管控。强化安全教育培训针对性，加强运维、作业人员《安规》等安全和专业技能培训，提升员工安全技能素质。持续开展"四不两直"安全督察，对严重违章按照安全事件惩处，开展安全警示教育，保障现场作业安全有序。

（6）严格事故信息报送。提高全员遵纪守法意识，发生安全事故要按要求及时向地方政府部门和行业监督部门报告，同时要逐级向本单位的上级单位报告，坚决杜绝迟报、漏报、谎报、瞒报。

【案例5-5】2006年3月17日某供电公司变电检修工区，对110kV川某变电站一次设备进行定检、预试和清扫。在清扫35kV设备过程中，误入邻近带电间隔，造成人身触电灼伤事故。

原因分析 作业人员不遵守现场作业的安全规定，图省事，未征得监护人同意，擅自跨越警示牌，误入带电间隔导致触电灼伤。

暴露主要问题

（1）作业人员安全意识淡薄，不遵守现场作业的安全规定，图省事，未征得监护人同意，擅自跨越警示牌，误入带电间隔导致触电灼伤。

（2）现场监护不严，监护人注意力不集中，失去了工作监护。

（3）承担检修清扫任务的单位无承包运行设备检修、维护工作的资质。

（4）针对高空（地面遮栏以上）作业的危险点分析不彻底，相应的安全措施不细致，警示牌没有强制性，未起到应有的作用。

反措要求

（1）结合作业现场实际，有针对性地进行危险点分析，认真执行标准化作业程序。

（2）加强对外包队伍的管理，严格资质审查，严防"以包代管"。对在带电设备附近、高处作业、起重作业等高风险作业场所的民工、外包工、临时工作业人员，要认真进行安全教育，经严格考试合格后，方能参加相关作业。

（3）现场作业必须严格落实监护制度，工作负责人必须在施工全过程认真履行安全职责，不得擅离职守或从事与监护无关的其他工作。对高空作业等检修、维护工作应在工作地点与带电部位或其他危险区域之间采取强制性的安全措施。设立专人监护。

【案例 5-6】2000 年 3 月 19 日，某供电局送电工区在进行 220kV 2214 宁某线春检清扫工作中，送电工区线路检修班分为五个组，其中一个作业组由工作人员颜×和监护人马×组成。当日下午 14:00 左右，颜×登上该线路 038 号杆（杆上有固定的攀登用脚钉），检查完设备，清扫完绝缘子，拆除接地线后，颜×解开安全带，从距地面 20m 横担上踩着脚钉下杆，约 14 时 10 分，在距地面 12m 杆处（因缺少 1 个脚钉）不慎左脚踏空，右臂顺势夹住一脚钉，坚持瞬刻，监护人呼喊并上杆救助无济于事，工作人员颜×高空坠落，落地后昏迷，尚有心跳。监护人立即做人工呼吸，并电话联系救助，20min 后送医院，诊断为内脏损伤脾脏破裂，经抢救无效死亡。

原因分析　安全自我保护意识不够，导致装置性违章。杆塔设计制度中缺少脚钉。

暴露主要问题

（1）职工自我保护意识不强。安全自我保护意识不够。

（2）装置性违章。杆塔设计制度中缺少脚钉，自 1975 年线路投运以来，一直没有引起足够重视，暴露出安全管理有漏洞。

（3）培训工作不细致、不深入。春检前未对线路检修班人员进行登杆培训。

反措要求 送电工区负责对无螺杆孔的杆塔采取加装抱箍固定脚钉，补充完善杆塔脚钉，组织职工经常开展体质锻炼，为安全生产打好基础，并加强现场培训。

第二节　违章导致电网事故案例分析

随着电网的发展，大规模建设、升级、改造工程全面展开，各省市检修预试和基建施工任务繁重，导致各类违章造成的电网大面积停电事故屡禁不止。为此，笔者收集了近年来全国各地电力系统曾经发生过的典型案例，希望现场工作人员认真学习，深刻吸取教训，采取切实有效措施，防范类似事故的再次发生。

【案例5-7】2021年3月18日，某送变电工程有限公司施工的某某±800kV特高压直流输电工程某换流站接地极线路工程(以下简称"接地极线路工程")在跨越架线施工中，违章作业造成邻近的±500kV直流极Ⅱ单极闭锁。

原因分析 直接原因是导引绳因下雨淋湿自重加大而下坠，现场展放导引绳未相应加大张力，造成导引绳与位于其下方的110kV环某线左地线接触，在展放过程中导引绳连接器卡住110kV环某线左地线并拉高，110kV环某线左地线与位于其上方的某直流极Ⅱ线路净空距离变小，导致直流线路对110kV环某线左地线放电。

间接原因一是对施工涉及的电网风险和作业风险辨识不到位、不全面，未采取有效的应对措施。二是现场监护不到位，未提前发现导引绳下坠和接触下方地线的问题。三是未按照施工方案对被跨越线路安装PVC管进行保护。

暴露主要问题

（1）作业风险辨识不到位，施工单位未有效识别降雨天气带来的风险，未针对新增作业风险重新制定日作业计划、重新制定采取风险管控措施。

（2）安全技术管理不到位，作业人员执行施工方案不严格，未对被跨越线路采取保护措施。施工方案中牵力、张力数值等关键参数与现场实际明显不符，不能有效指导现场作业。

（3）监理履责不到位，监理旁站未针对降雨天气新增风险作出针对性措施。现场使用的抗弯连接器未报审即进场使用。

（4）安全培训准入不到位，本项目部分作业人员未纳入准入库。施工项目部组织的复工入场考试试卷笔迹和内容雷同。

（5）现场管控和风险督查不到位，施工、监理项目部人员现场把关不严，某送变电公司安管中心未接通现场视频信号，中超建设公司督查例会内容针对性不强。

反措要求

（1）深刻反思、严肃整顿。事故单位要立即停工整顿，经省公司验收合格后，方可复工。各单位要组织专题安全日活动，认真学习事故通报，组织开展安全警示教育，从明责、知责、履责、督责等方面深入排查本单位安全管理存在的不足，制定落实整改措施。针对排查出的涉及体制机制的问题隐患,要纳入安全生产专项整治,推进整改落实。

(2)严格管控队伍人员。严把队伍人员准入关,按照"全覆盖"原则做好安全准入考试和培训交底工作,准入和培训要结合现场实际,确保每一名作业人员具备安全作业能力。

(3)严格管控作业现场。要深入开展现场勘察,按照现场实际编制施工方案。认真开展安全交底、站班会等工作,确保每一名参建人员清楚安全职责。严格按照方案施工,作业前开展风险复核,现场条件发生变化,要采取相应的安全保障措施。加强管理人员到岗到位、监理人员巡视旁站,督促落实安全责任和风险管控措施。

(4)严格管控作业计划,要按照"复工五项基本条件"逐项核查待复工项目,做到"合格一项、复工一项",将全部作业计划纳入平台实施"周安排、日管控"。将"日管控"作为计划管理和风险管控的重点,作业内容、现场条件等发生变化的,要重新制定日计划、重新部署安全管控措施。在保证安全承载力的基础上制定作业计划,作业窗口紧张的,要采取相应的安全管控措施,严禁盲目抢进度。

(5)严格风险管控督查,要认真组织召开风险管控督查会议,严格审查风险管控措施。规范安全管控中心和督查队伍建设运转,分级开展作业现场"四不两直"安全督查和远程视频检查,严肃查处违章行为,追查管理根源,堵住安全管理漏洞。

【案例5-8】2021年10月14日,国网某送变电工程有限公司在国网某市电力公司检修分公司运维管理的500kV某变电站内进行220kV设备改造施工中,吊车吊索与带电设备距离不足放电,造成220kV 2号母跳闸,又因旁路代路运行方式时压板置位错误,母差保护动作时发远跳命令至对侧220kV某北城变电站,致使6回220kV出线及5座220kV变电站失电,损失负荷约29.6万kW,停电用户32.3万户。

原因分析 直接原因是吊车指挥兼工作监护人邓××和吊车操作人员彭××擅自采取从带电的220kV 2号母TV引流线上方吊入的方式开展吊装作业,导致吊索与带电的220kV 2号母B相TV引流线间距离不足放电。在220kV 2号母TV引流线带电的情况下,施工方案采用吊车进行吊装作业,安排不合理,对吊装作业风险没有可靠的控制措施,是造成本次事件的另一直接原因。

扩大原因是500kV某站220kV旁路代某东线运行时,某东263断路器停用,220kV母差保护跳某东263断路器压板在投入位置。当某站220kV 2号母B相故障后,220kV母差保护动作,通过该压板回路发远跳命令至某东线RCS 931光纤差动保护,致使对侧220kV某北城站某东线RCS 931光纤差动保护收到远跳命令后出口跳闸。

第五章　电网企业班组安全生产典型违章案例

> 暴露主要问题

（1）项目管理不规范。某集团、检修公司、送变电公司三方安全协议不合规，职责界面不合理，所签订责任无法落实，存在推卸安全责任现象。

（2）专业管理缺失。对于本次涉及某电网重大电网方式、一二次设备调整、3个一级和32户二级重要客户的综合风险项目，省公司专业部门在方案编审、风险辨识、到岗到位等关键环节缺失缺位，安全风险仅由送变电公司定级，检修公司组织审核，导致风险分析不全面，管控措施落实不到位、安全风险失控。

（3）现场作业管理不到位。没有深刻吸取吊车碰线的同类事件教训，现场高风险作业辨识定级不准确，现场勘查不到位，危险点辨识不清，施工方案编审把关不严，工作票带电部位标示不明，安全交底流于形式，吊车操作人员、专责监护人等关键人员不清楚作业现场主要危险点，专责监护人、分票负责人、监理及到岗到位人员未在现场监护、履责，导致现场人员随意变更施工方法，引发严重事件。

（4）风险管控不到位。风险意识不足，没有理解"先降后控"的意义，错误认为降低电网风险后，就可以降低整体风险管控措施和力度。省公司未高度重视涉及市区重要枢纽变电站母线停电作业，风险定级审核不到位，省地协同、专业协同不够，没有统筹考虑电网、设备、人员、用户等各方面风险因素，对基层安全风险工作失察、失管。设备风险分析不全面、措施不到位，运维单位未对运行设备落实吊车作业管控措施。

（5）运行管理存在严重漏洞。在旁路转带时，作业指导书和风险管控方案未考虑母差保护启动远跳风险，保护投退未按照电网方式安排进行调整。现场运行规程编审不严谨，错误删除旁路代线路时"应退出母差失灵保护启动线路跳闸出口压板"的要求。

（6）网架结构和方式安排需优化。500kV 某变电站 220kV 出线安排不合理，部分 220kV 变电站双回进线来自同一座上级变电站的不同母线，但两条母线在同一套母差保护控制范围，存在安全隐患。安排检修方式时，未充分考虑低电压等级变电站和重要用户仍在同一座 500kV 变电站供电区域，未进行低电压等级负荷转移，造成大量用户停电。

反措要求

（1）落实项目管理责任。认真排查租赁项目安全管理薄弱环节，切实履行租赁项目管理主体责任，明确运维、施工、监理等各方职责界面，健全完善安全管理机制，强化工程项目前期准备、开工实施、现场管控、竣工验收等各环节安全管理措施落实。

（2）全面加强风险管控。全面梳理风险防控的组织体系、管理体系及制度流程，发挥省、市公司在风险定级审核和防控方面的牵头抓总作用，统筹考虑电网、设备、人员、用户等各方面风险因素，确保风险分析全面，措施执行到位。加强前期现场勘查，精准确定作业风险等级，逐项核查检修施工方案中的组织、管理、技术、应急措施，对风险辨识不清、管控措施不实的，一律不予批准实施。

（3）强化现场作业管理。严格落实"四个管住"要求，严格作业计划管控，规范执行施工作业方案编、审、批程序。强化生产组织和现场管理，严格落实管理人员到岗到位、监理旁站监督要求，规范现场作业秩序，严格执行经审批的施工作业方案。深化"一平台、一中心、一队伍、一终端"应用，加大反违章力度，确保"四个管住"有效落地。

（4）进一步加强专业管理。加强变电运行及二次专业管理，全面梳理电网"三道防线"设备运行特殊点，认真分析运行风险，针对特殊运行方式、回路复杂以及运行关联度高的设备，及时完善现场运行规程，加强专业培训。

（5）加强问题隐患排查。全面梳理评估城市核心区域变电站运行方式、规划设计、早期非标准化设备等方面存在的问题和不足，准确掌握电网设备运行风险，制定针对性风险防控措施，持续优化网架结构，推进老旧设备改造，结合安全生产专项整治三年行动加快治理进度。

【案例5-9】2020年4月13日17时13分，某电业局220kV某变电站检修人员在检修调试隔离开关时，带接地刀闸误合母线隔离开关。220kV母差保护动作断开某变电站1号主变压器610、2号主变压器620、长某Ⅱ线608、长某Ⅰ线612、金某线614断路器，造成220kV母线全停。此外，用户低压释放损失负荷15MW，电量0.5万kWh。低周动作切除8条10kV线路，1条35kV线路，损失负荷19MW，电量1.6万kWh。

原因分析 某变电站站长蔡××严重违反《安规》规定，擅自使用防误解锁钥匙，无票单人操作，严重违反调度规程，未经调度同意，合上220kV Ⅰ母6X10-2接地隔离开关，将220kV Ⅰ母由冷备用转为检修状态。检修人员邓×、罗×无票工作，擅自检查、处理6121隔离开关缺陷，误合母线隔离开关。

暴露主要问题

（1）防误解锁钥匙管理不严。

（2）现场工作人员安全意识淡薄，没有处理好安全与进度、安全与任务的关系，共同违章，酿成事故。

（3）领导现场把关不到位。

反措要求

（1）加强两票管理，严格执行"两票"制度，严禁无票和漏项操作。

（2）加强防误操作闭锁装置的维护，保证防误装置的正常运行。有防误操作装置的必须采用，各变电站微机防误、机械防误装置的解锁钥匙必须全部封装，确因闭锁装置有问题时，必须按规定程序批准后，方可解锁。除事故处理外，正常操作严禁强制解锁。全面启用防误操作系统的"黑匣子"功能，严格监督随意解锁和无票操作。

（3）各检修单位在作业现场必须认真执行各项安全管理规程、规定和制度，严格遵守，作业规范。

（4）各级生产管理人员严格按照安全生产管理人员到位标准，加强现场监督。

【案例 5-10】2020 年 2 月 23 日某变电站桥某线由检修转运行操作中，桥某线线路接地刀闸没有拉开，20 时 22 分，某水桥变电站值班人员合 11116 断路器时零序后加速动作，断路器跳闸。造成带接地刀闸合断路器的误操作事故。

原因分析　由于现场人员违章指挥、无票操作，漏拉宣和变电站 112-0 接地刀闸。

暴露主要问题

（1）工作现场管理混乱，个别基层领导及现场监护人员安全意识淡薄，有章不循，违章指挥，越俎代庖，没有真正起到监督监护作用。现场工作人员安全意识淡薄，轻信盲从，思想麻痹，有章不循，无票工作，越位操作，工作责任心差。

（2）安全生产基础管理薄弱，重制度制定、轻制度落实，对职工安全思想的教育及岗位技能培训重视不够，现场工作人员未养成照章办事的良好习惯；现场安全管理不规范、事故防范措施不细致，现场安全监督不到位，存在工作人员习惯性违章操作现象；操作人员、监护人员的安全责任不清，没有尽到应尽的职责。

（3）生产管理工作方面存在漏洞，没有认真履行技术指导职责，现场标准化作业未得到有效贯彻，致使现场工作随意性大，工作人员行为不规范。

（4）生产现场安全监督不到位，在贯彻落实安全生产责任制、安全生产法规、安全作业规程等有关安全制度方面监察不力。

（5）安全工作不扎实，存在有章不循、有令不行及违反宁夏电力公司生产现场"十不准"规定的现象。

（6）事故中汇报不及时，事故调查缓慢，反映出对事故的严重性认识不足。

反措要求

（1）严格执行标准化作业指导书，要制定出考核细则，定期深入现场督促、检查、指导标准化作业的实施，对执行不力的单位和个人进行严格考核。

（2）加强对员工的安全技能、安全知识和规章制度的培训，使之具有较高的自我防护能力。在此基础上，要求各基层单位不要好高骛远，注重实用技术培训，采用出题、签订师徒培训合同、以老带新、现场培训等方法，有针对性地开展岗位技能培训。

（3）严格规范倒闸操作，制定倒闸操作危险点分析及预控制度并严格执行安全技术两交底，大型操作制定详细的停送电方案。

（4）严格控制进入变电站主控室人员数量，操作时除操作人员和配合人员外，其他无关人员不得进入主控室。以保持主控室的生产秩序良好。

（5）各单位要严格执行公司有关安全信息报送制度，不得以任何借口，任何理由推迟上报，否则一律按隐瞒事故严肃处理。

第五章　电网企业班组安全生产典型违章案例